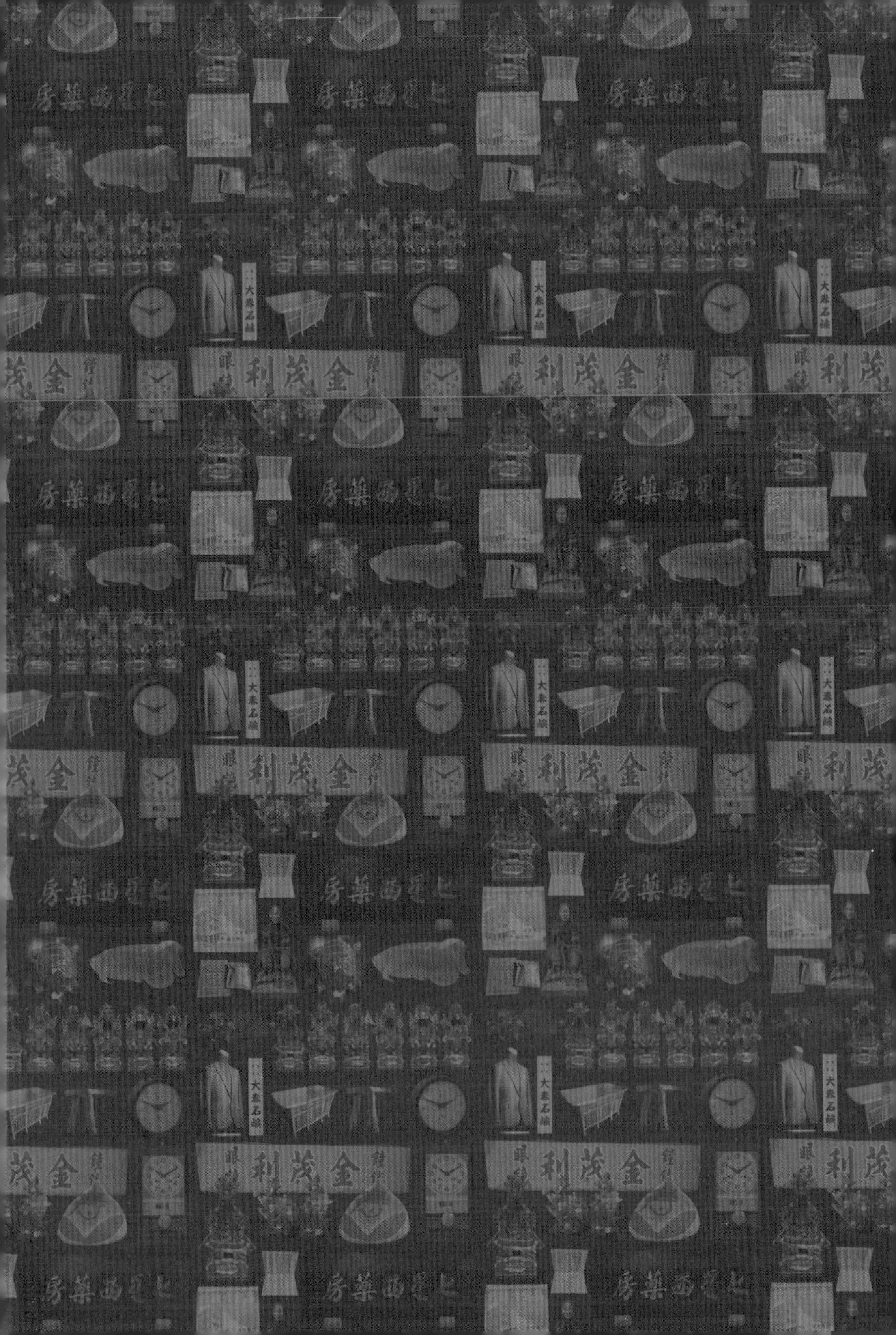
鐘錶 金茂利 眼鏡

老牌新潮

老店新情味

莊文松、林珊　著

漫步地圖

從城市到鄉間，
二十三間翻轉思維的新舊店家，
走出不一樣的世代道路……

晨星出版

推薦序

老店存在的文化意義

從小到大有沒有覺得在附近的老店突然消失，不然就是當你要找的時候已經不知去向，總以為這些老店可以陪伴我們一輩子，當我們的消費模式改變，老店面臨變與不變的抉擇。

大學時代認識了一位巴基斯坦的同學——羅樹德，中文說得令人十分驚訝的流利，只知道他家是賣地毯的，當時不覺得這是一項好生意，後來到伊朗（前身是波斯帝國）旅行，進入地毯博物館，才開啟了我對地毯的認識。有如天方夜譚的魔毯，除了手工地毯的美學與畫面的故事外，在地毯背後還有更多的故事，讀完「波斯洋行」這一篇，好想要去選一張可以傳家的好地毯，好好的延續世代傳承的意義。

中藥行如何傳承？小老闆後來想通了，傳統的中藥行其實跟做咖啡的精神是相同的，傳達對人的關懷，醫病需要醫心，因此轉型成為解憂咖啡館，有社工背景的小老闆保留了中藥行精神上的療癒，並跟很多單位合作舉辦各式各樣的活動，看了「養親轅咖啡」這篇，幾乎全部斷捨離掉的中藥行，保留並加強的是人情味，中藥原本只是生病才吃的，轉型為保健養生飲料，反而更擴大了市場。

曾經到澳門、香港旅行，發現紙糊藝術都沒有台灣的精緻，創意也沒有台灣來的有趣，這些原本以燒紙錢給亡者的習俗，轉變為燒信用卡、銀行，而台灣的宗教節慶五花八門，也讓這樣的紙藝百花齊放，又如王船的細緻度，彷彿真的可以在海上行船，從「左藤紙藝薪傳」看到這樣的文化傳承，可以發現各行各業只要努力，都可以擁有文化深度。

這本書雖然好像只是單純介紹老店，但綜合分析來看：

一、家庭關係良好非常重要，傳承的過程能夠互相合作共創品牌價值，而不要因分家而削弱老店的價值，世代永遠不變的是溫暖的人情味。

二、持續性的創新，隨時思考永續經營，無論是三十年才來一次的大改革，或是每年逐步些微的調整，保留重要的元素，捨棄或封存目前不重要的元素，適當的拿出舊東西發想推出新產品，越老的店反而是更有機會創新的。

你我生活周邊有跟你息息相關的老店嗎？通常老店的經營者對從小到大的生活方式要轉換成價格，都沒有自信把價格訂高一點，因此營業額多半拉不高。但是想想傳承百年以上的老店，保留的是一種文化價值，能夠演繹出舊有生活方式相關的商品，本身就非常的稀有，若從這些角度來思考，文化真的是有價值的，花一點時間好好的重新認識老店，原來文化深度離我們沒有那麼遠。

青田七六文化長　水瓶子

2022.8.4 七夕

自序一

時間留下的有情遺產

書採寫到半途，腦際突然浮現一些這樣的問題：如何廣義定義一家老店？如何寫出一間老店的新情味？老店是否一定是可以觸摸的實體？於是，我開始邊寫邊尋找，就在寫到台中市的「酷庫」與恆春鎮的「木洛山風」時，答案緩緩浮現了。

從踏進許多傳媒報導過的「七星藥局」開始，一路書寫到「源泉文具店」止，空間、物件、情感的重新組合與堆疊，讓我嗅聞到有如刷上新漆而散發氣味的一間老店，那氣味彷彿晨光一樣新，這樣的味道傳達著濃厚、簇新之情意。一間老店的形成，可能得經過幾代人的奮鬥與付出，才能在時代浪潮中屹立難撼。但如果是老物件或手工技藝的傳遞，可以當作「老店」看待嗎？此即序言開頭提及的酷庫與木洛山風，使我重新思考「老店」的定義。如果是把一個空間擺滿老物件，或者是傳承一項老手藝給予下一代，空間與手藝都是不可觸的，但我們了然「時間」賦予了兩者相等的意義，我將之視為「一沙一世界」的老店。老物件或職人手藝就是一間看不見的「老店」，經過傳承或有心人再創造，就有了新生命的體會與情意，我喜歡這樣珍重的心意。法國史學大師皮耶・諾哈（Pierre Nora）創造的「記憶所繫之處」（lieu de memoire）這個詞彙，為我的採寫動機下了最佳註腳——記憶所繫之處的是一種記憶與歷史之間的遊戲1，……一種物質或非物質實體，經由人類或時間轉變，而成為一個社群的象徵性遺產。2

當生命泅游無向時，能讓精神定錨之處的，永遠是一處如瀚海靜謐無瀾、深湛的場所，或者一件物，那裡可以安放情感、寄託記憶；那裡也必是足以收納生活苦樂與縫補靈魂裂縫；那裡也得以讓記憶延伸、賦予清新的生活氣象。桃園的豪華少爺西服，台南的左藤紙藝薪傳，萬華的老濟安草藥，鹿港的施美玉名香……，當不斷不斷地將歲月之頁翻讀，再一次翻過新頁後，終召喚我們記憶所繫之處。猶如小說家吳明益的小說《單車失竊記》，他於其後記寫及：「並不是基於懷舊的感傷，而是出自於對人生不可回復經驗的致意」。「老店新情味」亦然。

莊文松

2022.6.19

1.《記憶所繫之處》，作者：皮耶．諾哈 等，譯者：戴麗娟，出版社：行人，出版日期：2012/08/28，頁 27。

2.https://www.books.com.tw/products/0010556179?soc=mail，2022 年 6 月 18 日瀏覽。

自序二

喜歡生活中老的出其不意

書內介紹的店家是一邊生活一邊發現的。疫情間的生活慢了許多，生活也因為腳步放慢後，放大了發現。喜歡吃辣，想料理水煮肉片，採買乾辣椒與豆瓣醬時，發現香料體驗館；喜歡喝咖啡，懂豆子的學長介紹了家裡附近的咖啡店；喜歡熱炒、喜歡火鍋、喜歡糕點、喜歡會辣的麵，每間店家在看似百無聊賴的生活中發亮，每天的生活與周圍的人，正持續的為自己的歷史加點故事。

既平常又平凡的生活裡，總是想做些事，刻在每個時間點上，以年為單位細數生活的多采多姿。當時間拉得足夠長，一切豐功偉業以三言兩語帶過時，反覆推敲的把整張歷程再次打開，掉落的自然是些珍珠般的痕跡。

喜歡按摩，喜歡泡溫泉，老店家不著聲色的待著。躺著閉上眼睛，從按摩師傅傾訴的感恩中，了解台北按摩產業的變遷史；冬日夏日泡著熱湯，重新認識北投、礁溪早期的那卡西文化。不同產業面對時代與調整自身體質，擁有不同的作法，在稍微不穩的時代裡，也能找到方法應對。

空間裡擺放的家居物，地毯、香皂、蕾絲小物……寫著、想著有關生活中那些留在身旁的人事物，默不作聲習慣著他們的存在，不知不覺那些人事物待時間一到，便被冠上個老字，這個老說不定總是以新的樣貌出現，所以能維持的長久。

也常想起朋友們講述對於時間與生活的看法，有人覺得生活像個有機體，單純的憑著自己的力量，循著自然生長存活；有人欣然接受所有生命中的生老病死，沒有非得要保持如何的生活；有人正努力灌溉著生活，所謂青春的尾巴對於他們不存在消失的問題。

「老」與「新」不像年份一般涇渭分明，在模糊的大方向中，意料之外的事也多。我喜歡那些看上去一成不變的事物，在某個夜晚突然的轉變，像是巷口設置的 YouBike2.0 站；也喜歡總是充滿新意的一條街，永遠的待在那裡。想不起來具體是哪一天開始不那麼一樣的，生活中的「老」轉呀轉的，成了「新的」、充滿魅力的 Vintage 般的生活。

林珊

2022.7.23

目次

Table Of Contents

礁溪站前設計旅店　童年回憶成就新家園

番茄溫泉青旅

Hostel Tomato

世界各地因地殼板塊作用或地表水滲透等因素造就不同溫泉形成條件，從天然的洞穴溫泉、野溪溫泉、火山岩石溫泉、海底溫泉、死海溫泉……在世界相異的風俗與歷史文化發展下，進而誕生出石柱建築空間裡的古羅馬浴池；匈牙利布達佩斯聚會下棋的露天廣場溫泉；以冷熱交替聞名世界的芬蘭桑拿浴；點著蠟燭與油燈，土耳其澡堂內灰暗空間裡透著微光。

同時具藝術家、建築師、作家身份的李歐納・科仁（Leonard Koren）在《體驗泡澡——在熱水中泡出設計》一書中寫到：「從未經設計的觀點來看，泡澡是一種綜合的美學經驗，主要是與非客觀、非量化、和獨特的感覺有關。」美好的浴室與理想的沐浴體驗，放眼各地皆能找到屬於當地的文化體驗。而在台灣礁溪，一間純白獨棟的旅店，大大的幾何紅色番茄圖樣從白色的牆上躍出。

這棟老建築乘載著新風貌，近一甲子的老建物，經過重新翻修、騰出空間、設計規劃後，屬於台式文化的浴室，能從中窺知一二。生活中的精簡設計與美學，店外到店內的每一眼、每一步皆有深刻的感受。一間旅宿，一間浴室，一間能泡湯的所在，番茄溫泉旅店放大美學與礁溪風土文化，生活方式是在重複的每一天建構出來的一種習慣的型態，來到礁溪鄉，待在番茄溫泉旅店品嚐旅行的意義，如同旅店所言：「這一宿不僅是休息歇腳等待明日啟程，而是你嚐過了一次鮮甜，記憶裡便永遠記下了這裡的滋味。」

純白色調的 Hostel Tomato 番茄溫泉青旅。（照片提供／番茄溫泉青旅）

溫泉之鄉——礁溪火車站前的老家園

火車站前是礁溪最早發展的地方，那時周圍一帶還皆是田地，一九七六年開業的家園溫泉旅店，原為蜜餞行。一九七〇年代，礁溪火車站附近約有十間規模差不多的旅店，其中經營還不錯的就屬「家園」了。由二代老闆華林的媽媽一手創立的溫泉旅店，裡面有著華林滿滿的回憶。華林是家中排行最小的老七，媽媽在年近四十時生下他，小時的他就住在旅店內，房間隨他選，當客人來時，媽媽會把華林趕到別間房去。華林從小看著媽媽做生意長大，旅店一直做得不錯。後來媽媽年紀大了，繼由大哥向媽媽承租旅店，牆面貼上新的壁紙，地板面鋪上新的地毯，大哥接手經營十幾年的家園旅店，在礁溪已算是傳統老旅店了。進入二〇一〇年代，面對飯店業者的大舉入駐，即使打出休息三九九、住宿八九九的價格，旅客也鮮少踏入。二代老闆華林對於從小長大的家園旅店深具感情，向三個兄長提出想法，經過一年半的溝通期與準備，二〇一七年更是與朋友計畫合資買下媽媽創業的起點；二〇一九年六月，番茄溫泉旅店重新開幕。

重新開幕的番茄溫泉青旅。（照片提供／番茄溫泉青旅）

二代老闆華林小時候在店門口與家人合影。（照片提供／番茄溫泉青旅）

番茄計畫：實現設計的地方

礁溪有一種番茄長得和台灣其他產地的番茄不太一樣，頭頂突起一塊尖尖的，身子圓圓胖胖的，皮薄肉甜外型呈大紅色，獨有的品種被稱為「溫泉番茄」，也因外型長得像桃太郎，而有「桃太郎番茄」的趣名，「挖一個洞，把酸梅擠進去。」那是華林小時候把桃太郎番茄當零食吃的方法。番茄溫泉旅店，是番茄計畫的第一步，以水果番茄命名，不僅將旅店比做礁溪獨有的存在，也向各大知名的設計品牌致敬。

高中畢業即在報社從事美術編輯的二代老闆華林，求學若渴的他，工作幾年後又前往美國深造，

番茄溫泉青旅的文創商品。（照片提供／番茄溫泉青旅）

礁溪獨有的溫泉番茄，成為旅店獨特又醒目的識別標誌。（照片提供／番茄溫泉青旅）

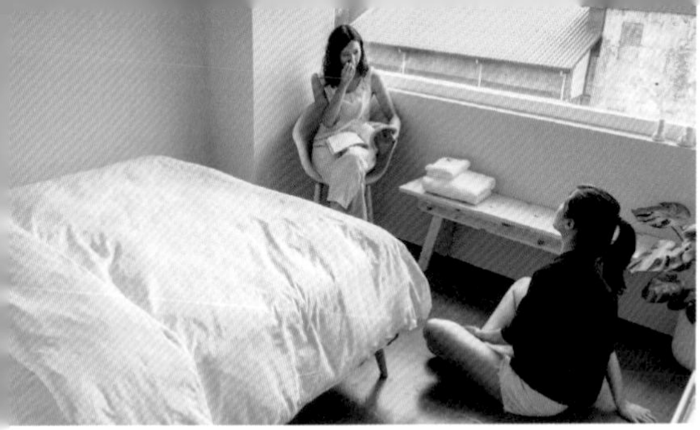

改裝後的現代簡約的客房。（照片提供／番茄溫泉青旅）

老旅店原來的客房裝潢。（照片提供／番茄溫泉青旅）

擁有加州藝術中心設計學院新媒體及紐約視覺藝術學院的背景，專攻新媒體與科技互動藝術。回台至科技公司工作，而後任教於大學設計系所。對他來說，設計就像是在吃飯一般，存在於生活之中，是日常的必要條件。「設計不能紙上談兵。」華林望著番茄旅店說道：「有些人看到番茄旅店，或一些不了解設計的人會覺得『這些外露的水管，什麼時候才會完工？』。」而他卻強調，這些皆是設計的一環：鏤空霓虹燈管老招牌「家園溫泉旅店」，在大廳白牆上若隱若現；牆上與樑柱上的傳統印花壁紙，留著家園時期的溫馨氣息。通往二樓階梯上的老花磚，差點留不住，水泥鋪到一半時，華林特地趕來表示「不要鋪！不要鋪了！」才保留了下來。新與舊的融合在番茄溫泉旅店隨處可見，華林當家作主，是老闆也是水電工，設計美感融入生活是他在翻修過程親力親為的體現。」

改裝後的新穎浴室。（照片提供／番茄溫泉青旅）

老旅店的浴室。（照片提供／番茄溫泉青旅）

整修時搶救下來的花磚樓梯。

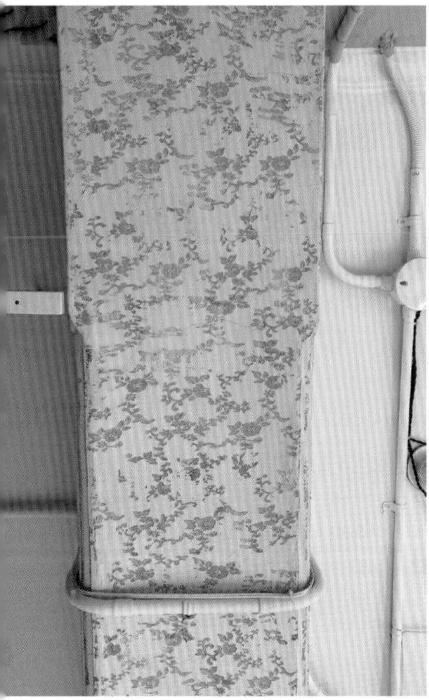

懷有家族回憶的花壁紙。

自動入住、密碼門鎖、遠端控制，溫馨而科技的溫泉旅店

礁溪一帶，多得是一晚平均價格動輒在六千元以上的五星級飯店，番茄溫泉旅店如何與鑲著金銀、大理石內裝的飯店們競爭？老建物改建的番茄溫泉旅店，除了在設計方面別出心裁外，更是使用者的友善空間。「這整棟很科技。」華林聊起他的國外經驗，番茄溫泉旅店即以美式 Airbnb 風格經營。外國住客喜歡背包房，而台灣住客喜歡套房，這兩種房型番茄溫泉旅店都有。觀察到年輕人喜歡在不被干擾的情況下生活，旅店也採用半自動入住，遠端自動化密碼門鎖能減少人力，五點管家可以準時下班，在人性與機械中找尋平衡。

背包客房。（照片提供／番茄溫泉青旅）

旅店套房。（照片提供／番茄溫泉青旅）

番茄溫泉旅店地點絕佳，礁溪火車站三十秒步行可達，要記得「設計不能用錢去堆」，沒有錢有沒有錢的方法，擺設的差異是關鍵，正如美國紐約蘇活區以老建物與設計風格融合而成為年輕人前往的聖地。有別於五星級飯店的經營模式與空間，一九六〇年代留下來的細長老建築，規模雖然不大，仍在整體設計上，犧牲許多房間作為公共區域使用。五樓全規劃為公共空間，擺放設計雜誌與軟骨頭椅子，讓住客自由取閱和分享旅途趣事；走廊的霧玻璃透著光，光線在老建築物裡騰出空間感；擁有溫泉業牌

從旅店公共空間可遠眺蘭陽平原。

旅客可以無拘無束的使用旅店的公共空間。

頂樓露天公共浴池。

貼滿紅包袋的牆壁，讓一進門的旅客馬上感受到過舊曆年的氣氛。

照、旅宿業牌照的營業資格，番茄溫泉旅店的用水皆為碳酸氫泉，底下就是溫泉，頂樓 View 好，建設露天公共浴池與淋浴空間，背包客也可以使用。設立特定時段的友善女性時間，泡在溫泉池子中，眺望蘭陽平原與火車經過。

從蜜餞行到選品店，番茄溫泉蜜餞是家的味道

華林指著窗外的景色，說著小時候那邊是鐵路局的溫泉池，以前常在那泡湯，裡頭的空間像是電影《神隱少女》中的湯屋，現在整棟被拆除，想起來便覺得可惜。華林小時的回憶是番茄溫泉旅店的養分，二〇二二虎年時節，牆上貼滿紅包袋供旅客抽獎，「過年抽紅包」的概念來自華林童年在家園

外的「古早味五角抽」，將小時玩樂的印象復刻至旅店裡，讓住客體驗台灣生活的煙花味。

在番茄溫泉旅店隔壁，是間傳統蜜餞行，「隔壁從小長一樣！」華林興奮的說著，進入番茄溫泉旅店前的空間，是番茄計畫的一部分，在這空間裡，販售有關番茄溫泉旅店的選物。番茄選品必須在地、擁有生活樣式、原創並兼具質感精神，經典蕃茄帆布包、粉色番茄擴香石，皆是番茄溫泉旅店選品的好評物！

品牌 CIS、指標系統及商品設計，由曾教導過的畢業學生，現為四木設計的設計師林建宏，一起與華林討論規劃。除了番茄溫泉旅店品牌的系列商品外，與在地特色小農合作，再由設計師精心包裝的礁溪伴手禮：蕃茄溫泉乾及冬天限定的祖傳蜜漬金棗。在寬廣通透

旅店大廳內，可以輕鬆的採買設計師精選的好物。

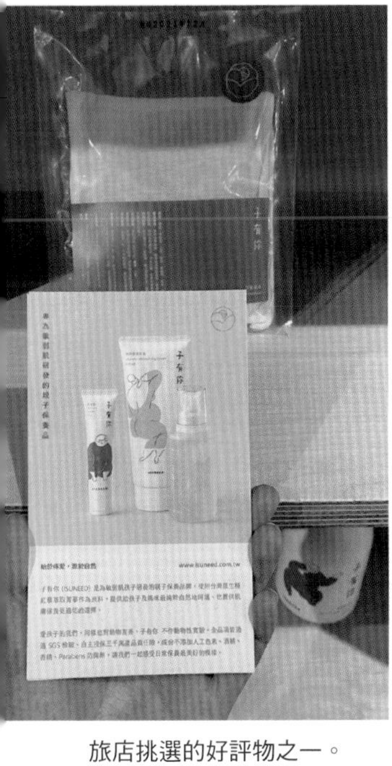

旅店挑選的好評物之一。

的選品大廳內，採自助結帳的方式，旅客能在不被打擾的情況下好好感受選購。對華林來說，「選品就像是一般的生活」，透過擺設、佈置、策劃的空間，是最天然的設計，每種空間的陳列透露出主人的喜好，傳達了設計思維就在每一天的每一個細節裡。

旅行的早餐必須好！開旅店也從住客身上體會人生

華林在世界各地旅行，洞悉旅行住的基本要求四大要點：乾淨、舒適、地點好、吃好。「尤其是早餐，一定要好。」住在番茄溫泉旅店，能享用到最豐盛的早餐，這是間「連火腿片都在意」的旅店，早餐吃得好，能在旅行中感受到身心調和。

房客千千百百種，華林聊到小時候從宜蘭到台北生活，再由台北到紐約生活的影響，眼界開了、世界觀大了，花花世界帶給他的衝擊，深刻影響他的人生。穿梭在不同的城市間，

乾淨、舒適的空間，是留宿旅人重要的條件之一。（照片提供／番茄溫泉青旅）

店主不同的生命體驗，直接影響旅店的設計風格。

番茄溫泉旅店距離礁溪車站腳程一分鐘內，對搭火車的旅客來說，超級方便。

觀察到人的個性與氛圍，以及不同的社交圈與文化，讓番茄溫泉旅店也是包容的載體，鼓勵旅客多多交流。華林也在旅店認識一位七十歲日本旅客，原訂兩天的行程，因為太喜歡多住了兩個禮拜，日本旅客也分享到個人的夫妻相處之道，每年都會與妻子約定好「一年一個月分開旅行」，各自獨立探索世界，再互相分享，帶著不同的回憶與重新見面的新鮮感，幫助夫妻之間的相處。

二〇一九年重新開業的番茄溫泉旅店，碰上全球疫情，雖然僅迎接了幾個月的國際觀光客，卻也不灰心，疫情時間旅客不多，更有耐心的進行細部調整，期待精緻的空間能做好十足的準備，大展身手。旅人們！嚐一口桃太郎番茄，漫步在宜蘭礁溪小鎮，待在番茄溫泉旅店，泡個湯，慢呼呼的享受人生吧！

番茄溫泉青旅

旅店經典番茄帆布包。
（照片提供／番茄溫泉青旅）

四木設計師林建宏與店主華林（右）。

地址：宜蘭縣礁溪鄉溫泉路 10 號
電話：03-9882171
營業時間：（一）～（日）08：00 ～ 21：30

地圖 QRCODE

有多聞稻埕香料館

台灣首間匯集世界香料的烏托邦

幾千年來，閃族人在沙漠與綠洲間以香料換取物品維生；納巴泰人向世界各地販售香料建立起興盛王國；羅馬人為了取得珍稀香料揮霍真金白銀；歐洲人遠征為了找尋更多的香料；中國人搭建寶艦載滿香料下西洋。香料，歷史上全球化貿易的靈魂角色，對於新大陸的發現重要且關鍵。劃破樹從傷口流出來的樹脂成為人們所愛的薰香之物（乳香）；採摘青色、紅色的小果實，成為人們料理中不可或缺的標配味道（花椒）；獨一無二的混種玫瑰被繁殖培育成為人們維持容顏的保養聖品……它們被一一送往以色列艾拉港、麻六甲巴生港、中國泉州港、新加坡港等世界港口，活絡的城市隨著香料貿易而蓬勃發展。

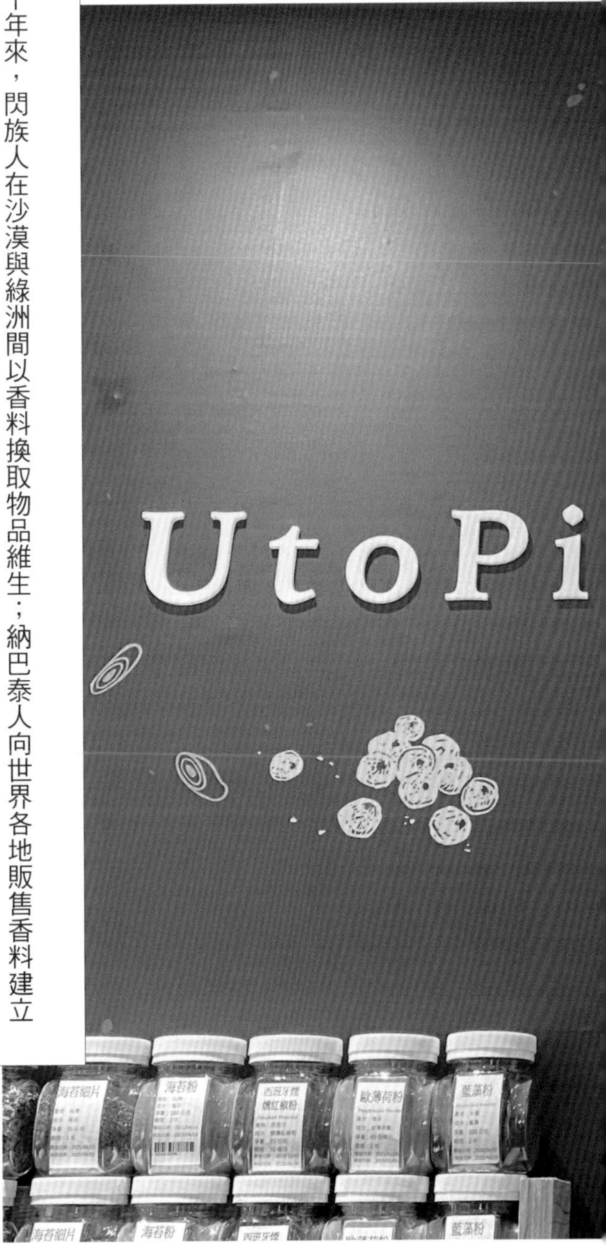

採開放式體驗的有多聞稻埕香料體驗館。

UtoPia Spices

因淡水開港而得利的大稻埕，曾是台北的商業重鎮，臨著淡水河，大稻埕一帶以農產品交易而興盛，雖然台北商業重心逐漸往東移，大稻埕依然扮演著關鍵的角色，在這裡，台灣首間香料體驗館於二〇二〇年正式誕生。

由大稻埕碼頭淡五號水門出來，騎腳踏車三分鐘的時間，右轉西寧北路，一間深綠色的店，在夜晚亮著如沙漠中的金光。

進門迎來的是落地整面的世界香料地圖，簡單而清晰的展示全球香料的主要產地。從中國的八角花椒、西班牙的番紅花、土耳其的鼠尾草、埃及的茴香……有多聞稻埕香料體驗館開門見

店內的世界香料地圖。

眾多的香料樣品罐。

山的表達：「這裡是東西方香料世界的烏托邦」。體驗館內目前多達二百餘種香料樣品罐，芳香到調味，藥用到烹飪應有盡有。深夜裡的館內透著黃光，香料待在透明的罐子裡等待著客人的光顧。香料是不分國界的，儘管來自不同地方，卻同時又被世界各國接受。館內也是，夜裡來自各國的人，在疫情時期嚴峻的邊境政策下，找尋家鄉的味道。

八十歲不退休！接下岳父的店 一步一步走向轉型

二〇二〇年十月，有多聞香料體驗館正式對外營業。一九七〇年代為益良／益昌食品化工原料行，主要販售食品原料與化工原料。原本由岳父陳永證一手打理的食品化工公司，在歷經台灣食安風波與岳父年事漸長，環境工程背景的李魁裕，開始幫忙岳父處理店內基礎工作，負責送貨、銷售與接待客人。

岳父陳永證做到八十幾歲也不願意退休，李老闆笑說：「像是日本職人精神一樣。」總要親力親為，直到做到病倒，岳父不再有體力管理公司，李老闆和太太一起將燙手山芋的事業接了下來。六、七年前開始慢慢轉型，身為台北食品產業龍頭店家，經歷過台灣食安風暴後，重新審視食品業，決定將店內食品原料與化學原料分開，專注在食品原料，放棄化學原料。在自我要求下，一步一腳印，從軟體到硬體階段性的提升，成為現在的有多聞稻埕香料館。顧客忠誠高，早期客人依舊到新的體驗館購買食品原料，李老闆傳承岳父的供應商，也持續開發更多香味。

有質，有量，「有多聞」：建立起香料世界的知識庫

「有多聞」出自《論語．季氏篇》，「友直，友諒，友多聞。」取其字諧音，改為「有質，有量，有多聞」，意指商品有品質，批發有量，以及香料種類齊全，涵蓋世界各地最多種的香味。多聞，是一種廣博，在香料世界裡，香料本身就是一種「多聞」，全世界香料數以百計，數量多代表味道也多。早期岳父經營時代產品線不清楚，數百種產品只以紙筆記，

逐一建立香料資料庫與香料樣品罐。

雖然記得清楚，卻無法正確交代，還有許多零散的商品沒有被分類到。因此，李老闆花了半年時間自己寫程式、建立系統、歸檔，下班後便開始寫，晚上三、四個小時埋首香料系統世界，目前稻埕香料館資訊系統的前台、後台介面皆為李老闆的設計，越是了解自家產品的特質，越能建立出更符合香料館的系統。在建檔的過程中，理清庫存商品，該往哪裡發展，路線也更為清晰。發現無法建檔的商品，就直接扔掉，「現在我們店裡沒有商品孤兒。」李老闆驕傲的說。

具科技業背景的李老闆認為，在現在及未來的世界裡，資訊能力是以一擋百，建立館內一千多筆資料，且為了外國客人，在每一罐香料試聞罐上皆放上英文名稱，跨越溝通的障礙，不僅如此，系統化的同時，也是知識化的開端。從二〇一四年起，開始進入網路生態，架設網站部落格目錄、於「奇摩知識＋」回答網友問題，跟上網路潮流，營業額開始翻倍。近年來也開始使用 LINE 通訊軟體，除了提供商品資訊外，還利用通訊平台的半自動回覆系統，提供簡易的諮詢模式，一改早期客人使用電話詢問的方式，能大幅解決客人捉摸不定的問題外，也能承接更多的問題，了解更多客人對香料的需求。

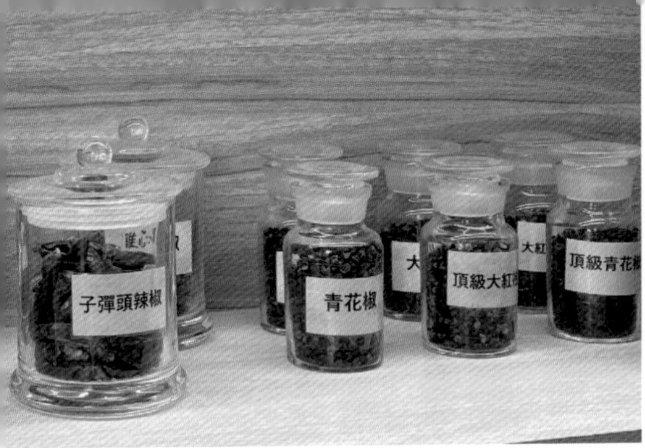

開放式香料空間，任何人都能輕鬆購買。

明確的香料分類與開放式空間，讓消費者都能很自在的挑選想要的香料。

一趟歐洲遊，改變對香料的看法！重新打造開放式香料體驗空間

早期香料貿易在市集與商隊之間流動交易，世界各地的市場是香料貿易的精華點。荷蘭，曾經是香料貿易世界的霸主，靠著商品出口、經商富國的荷蘭，香料也曾是十七世紀荷蘭貿易的重點交易物品。李老闆在疫情爆發前的一趟荷蘭之行，徹底改變了對香料的看法。二〇二〇年初，探遊荷蘭第二大城、歐洲最大的貿易港口鹿特丹，以偌大的馬蹄形拱廊造型聞名世界的 Markthal Market Hall 裡，有著讓李老闆記憶深刻的香料市集，「歐洲的市集是開放式的，歐洲的氣候、環境，適合香料開放式的提供客人直接聞取香料的味道。」李老闆提到當時荷蘭遊印象最深刻的市集以及荷蘭的房屋狀況，看上去窗戶透亮且整齊乾淨。在荷蘭行之前，李老闆坦白說道，對香料、對食品沒有特別的想法，覺得

只是單純的食品貿易，而從荷蘭回到了台灣後，對位在大稻埕食品貿易公司，有了全新的想法。

碰巧遇上「台北造起來」店家徵選活動，從入選到正式營業大約半年的時間，期程十分緊湊。荷蘭經驗，台灣實行，打造一個全開放式的香料體驗館，像是歐洲一樣的開放式香料空間，也如同香料之於世界，香料之於貿易，「心態都是要 Open-minded」，打破了早期空間像倉庫般的儲物狀態，全開放無隔間的香料體驗館二〇二〇年十一月就此誕生。館內以客人動線為主，香料罐子標上英文學名，明確的香料分類、清楚的標示，讓外國客人也能輕鬆購買。

味道無法複製貼上，親自嚐過才知道！

適逢台灣市場開始喜歡天然食物，香料漸漸被市場重視，有多聞稻埕香料體驗館因應台灣環境條件，在開放的空間裡，讓每項香料都能被聞到。民眾的試聞體驗對李老闆來說很

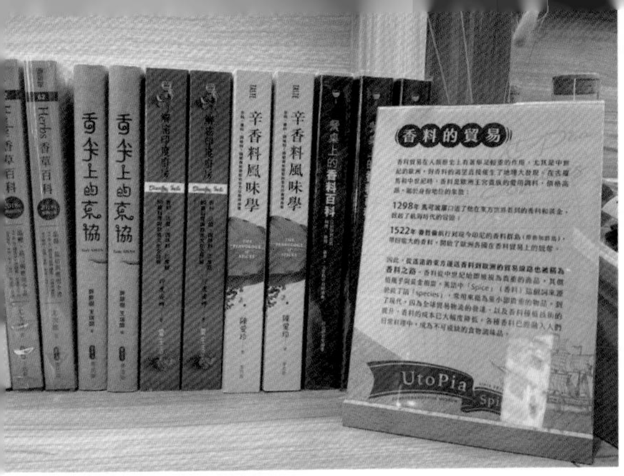

館內不僅可以找到所需的香料，
香料知識區域也可多認識香料資訊。

在有多聞稻埕香料體驗館內，可直接聞香體驗。

重要，「讓整個空間的味道都能體驗！」李老闆認為「共享」是未來的趨勢，觀念的轉變讓過去緊緊密封在袋子裡的香料被釋放開來，「香料要能打開來讓人聞。」經營香料館必須對客人沒有限制，如果香料被保護著，那味道如何被聞到？館內建立起「體驗S.O.P」，不僅讓每項香料都能自由試聞，還能從透明罐子內解放開來，挖取一勺直接使用。想要帶回家試著料理，也免費提供樣品，供客人索取。香味在料理中扮演極具重要的角色，料理好不好吃，香味極為重要，香料需要遇到懂得對待它的人，才能發揮作用！

除此之外，館內也建置了香料知識區域，全面的香料相關書籍成為客人選購香料的指南，未來嘗試設立互動香料資訊區，只需把香料放置台上，螢幕就會出現對應的香料資訊！有多聞稻埕香料體驗館試圖將香味具體化，李老闆表示：「在資訊的

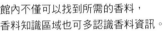

世界裡，文字、聲音、影像皆可以傳播複製，味道卻無法複製。」這就是百貨公司不能沒有美食的原因，世界也不能缺少香料的存在。

有多聞稻埕香料體驗館，在北台灣貿易發展歷史開端的地點，持續亮著夜燈，燈光能容下一整個香料世界。儘管面臨疫情影響，餐廳訂購量較少，內部重新整頓，在低速的時期，持續建立POS系統、探索更多香料與美食的連結、推廣香料在台灣的用途、也不斷嘗試香料體驗的豐富感。「香料」二字意味著「世界」，香料從商隊、市集、市場到店鋪、店家，到現在的體驗館，未來也許電商能販售許多產品，然而香料，必須要循著味道，才找到心之所向的烏托邦。

有多聞稻埕香料館

地址：
台北市大同區
西寧北路 104 號 1 樓
電話：02-25582020
營業時間：
（二）～（五）
10：00 ～ 18：00
（六）10：00 ～ 17：00

地圖 QRCODE

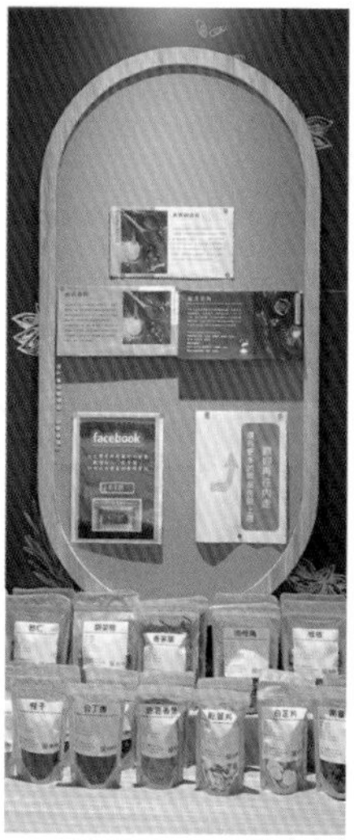

可以從香料認識全世界

有多聞稻埕香料體驗館發展歷程年表。

港都熱炒

水果入菜履歷溯源　科技潮流熱炒店

說到台灣飲食文化，各縣市隨處可見的 99/100 熱炒，正是台灣平價美食代表之一。中和有家被美食節目譽為「潮流熱炒店」的港都熱炒，異於傳統台式快炒店，融合川菜、粵菜、台菜三種菜系，上百道的熱炒餐點，從合菜到單點全為現炒、現烤，海鮮來自北港產地直送，還是全台熱炒店唯一由行政院農委會溯源三星 AMOT 協會認證的「三星級溯源餐廳評鑑」。

港都熱炒總店。（照片提供／港都熱炒提供）

GanDou seafood restaurant

「港都熱炒」二代店。
（照片提供／港都熱炒提供）

中和「港都熱炒」一代店。
（照片提供／港都熱炒提供）

這間熱炒店由一代創立者許天生與二代許聖凱共同經營。創立於一九八七年，港都熱炒的前身為「鳳凰廣川餐廳」，位於木柵考試院周邊，主推辦桌菜，也常有酒客光臨，由許天生負責內場，許太太負責外場工作，開業近二十年頭，後因健康問題歇業，休息四年後，才再度重起爐灶。為了緬懷在旗津當兵時期的新鮮海產味道，也希望提供在外遊子一份家的美味，讓每一位光臨的客人皆能在港都創造回憶，期許成為都市人的避風港，且象徵著一代許天生的停泊再出發，是老闆也是客人溫暖的港灣，更因台式熱炒發源地於旗津的歷史因素，在中和開業的熱炒店便取名為「港都熱炒」。

台北長安西路當時是各菜系餐廳的一級戰區，川

「港都熱炒」二代店新式廚房內，正大展熱炒廚藝的許天生。（照片提供／港都熱炒提供）

從餐廳雜工做起的許天生。（照片提供／港都熱炒提供）

菜、粵菜、台菜皆能在長安西路上一嚐味道。有著多年廚藝經驗的許天生，民國五〇年代在長安西路上知名的廣州飯店當學徒。從雜工開始做起的許天生，零經驗進入餐飲業，不僅經歷過「炒菜拜師傅」的餐飲階級制度，在工作時表現若欠佳還會遭到毛巾抽打。在廚房缺人的當年，工作壓力大，且一道鮑魚料理是學徒一個月的薪水。這些全化作許天生未來自起爐灶的經驗。在廣州飯店後，許天生持續精進廚藝，而後當起自己的老闆，融合了川、粵、台菜廚藝，九〇年代至今，維持三十餘年的好手藝，也傳於二代許勝凱經營，以「港都熱炒」之名，做出符合現代飲食美感的熱炒店！

想創業就要做到好，不然不要做！

企業管理背景的二代許勝凱，大學畢業後進入日商工作四年半，而後進修創業相關的碩士班。碩士時期奠定了想創業的念頭，同時開始幫忙店內生意，也因此誤打誤撞接了家業。原本打算創業的他，想想可以從家裡的熱炒店幫忙開始，將碩士班學到的東西導入，沒想到將爸爸許天生白手起家的熱炒店大大翻新，有了完全不同的面貌！從中和的單店面，轉為雙店面；座位從五、六十人，擴增至一百多人；營業額每個禮拜、每個月不斷翻倍成長；員工從四個人到現在將近二十人的團隊。所有的改變爸爸許天生全看在眼裡。二代許勝凱將碩士班創業課程學以致用，讓港都熱炒由商號到股份有限公司，許勝凱堅定地說著創業這回事就是：「要做就要做到最好，不然乾脆不要做！」而當實際做下去，便沒有回頭路。

「港都熱炒」二代店全然不同的新貌。（照片提供／港都熱炒提供）

「港都熱炒」一代店原狀。（照片提供／港都熱炒提供）

行銷，是幫忙的起點。一張熱炒單從點單到成單，多有塗塗寫寫，二聯單到廚房已難以識別，而需再花時間溝通一張難以辨別的單上，不僅容易導致出菜有誤，最後買單結帳時還會造成算錯帳！當發現紙本菜單造成常漏單、劃錯單、Key 錯單等問題，許勝凱便下定決心建置 POS 系統，加上提案企劃被經濟部選中補助，導入平板電腦點餐，進一步創新，打響港都熱炒品牌。接下來許勝凱也順利考取餐飲證照，讓自己能從餐飲角度調整港都熱炒的內容。像是熱炒店最為注重的「紋路粗糙、形狀圓弧」的生鐵鍋，是粵菜中精髓角色，導熱快速且發熱均勻，不只需與火候搭配調整使用，在粵菜裡的鍋香味更是料理好吃的關鍵，許天生擁有粵菜獨特料理手法——「熗鍋」，加一點麻油與薑，觀察調味料成色後，在鍋邊下一點酒，溫度快速提高、快速揮發下，香氣四溢，料理才算完整。

一代店內原本以人工點餐。（照片提供／港都熱炒提供）

二代店開始使用平板電腦點餐。

科技平板熱炒店！不加香菜少油少鹽，直接和內場溝通

每桌皆有一個插頭、一個平板，是港都熱炒的特色，許天生驕傲的笑著說：「中和老客人現在都會進門直接使用平板了！」但在平板正式導入前，一代二代卻有不同的意見。爸爸許天生認為一間熱炒店，點菜板已清楚明瞭了，何必需要花費大筆開銷一桌購置一台平板；兒子許勝凱則認為平板也是服務的一環，具有較多傳統菜單沒有的優勢，不僅能呈現料理圖像、減少紙張浪費，還有更多選擇！實際操作一次港都熱炒的平板菜單，會發現不僅能選擇多國語言，便於外國客人來訪時直覺點餐，不需透過 Google 翻譯菜單，更寄予許勝凱「將台灣熱炒文化推向國際」的厚望。而在注重食品安全與身體健康的年代，平板點餐的好處更為明顯，選擇一道主菜時，還可以額外選擇加不加洋蔥、香菜，也可以標示少鹽少油，當餐點按下送出那一刻，內場師傅能清楚看到客人的餐點調味需求，在客製化當道的時代，熱炒也能因應客人飲食需求一鍵調整。

許勝凱表示在還沒過來幫忙前，港都熱炒的來客年齡八成為中高齡客人，參與共同經營後，其中最顯著的改變為來客年齡階層擴大了，現在，來港都熱炒用餐的多為年輕人。爸爸許天生也聊到高齡客人的消費方式與年輕人大為不同。「以前啊，那些客人用餐會討價還價。付款時，常常自己去零頭，有的時候還會自己多拿兩瓶酒，都不計費的！」當引入科技平板，吸引年輕族群後，消費型態改變了，刷卡與行動支付成為主流付款方式，店內支援多種付款方式，包含悠遊卡、信用卡、apple pay、LINE PAY、台灣 pay 等多元支付，港都熱炒的營業額不減反增。

滿滿一桌熱炒菜色，可以隨客人需求調味。（照片提供／港都熱炒提供）

二代店內，每一桌都有平板科技協助點餐。（照片提供／港都熱炒提供）

飲食產業也在美食外送平台進入台灣市場後，有了不一樣的販售管道。港都熱炒在許勝凱的經營下，早早即和外送平台合作，Foodpanda、Uber eat，讓熱炒在疫情期間也能送到府享用。也因為先於疫情前的佈局，北台灣疫情三級警戒禁止內用的時期，港都熱炒生意幾乎沒有受到傷害，二〇二一年五月推出的以燴飯類為主的防疫套餐，平日二～三萬營業額來自外送平台，結合科技型態成為港都熱炒站穩腳步的關鍵一步。

三星溯源熱炒店，全台唯一！

二〇一八年首次獲得溯源餐廳二星肯定的港都熱炒，於二〇二〇年正式獲得農委會星級溯源餐廳三星的肯定。在經歷食安風暴後的台灣，民眾對食材的產銷履歷更有意識。「產銷履歷」讓餐廳使用的食材透明化，依照餐廳使用的「產銷履歷」、「有機食材」程度，AMOT 協會對餐廳進行的評鑑，從港都熱炒的菜單上能清楚得知，哪些菜使用溯源食材：皮蛋、地瓜葉、鮮魚湯、鱸魚料理、鳳梨苦瓜雞鍋等等，雖然單價成本高，價格直接反映

「港都熱炒」堅持好的產銷履歷食材。（照片提供／港都熱炒提供）

曾獲二〇二〇年星級溯源餐廳三星的肯定。（照片提供／港都熱炒提供）

到餐點上，客人稍有反彈，卻在食材下肚後，持續支持溯源食材料理。正因為堅持好的食材，港都熱炒的菜餚，不僅吃菜，連菜的湯汁也可以喝！

許天生聊到早期的蝦仁含有「硼砂」，「這裡沒有，我們連蝦頭都可以吃！」港都料理的蝦是經過 SGS 檢驗、原蝦去殼、鮮甜味美！調味不僅能客製少油少鹽，無額外添加味精外，從食材源頭控管，使用產銷履歷食材，加上選用無毒包材，從裡到外都能吃出健康。

水果、精釀啤酒、茶葉飲品，都來自台灣在地品牌

水果入菜也是港都熱炒的經典菜，芒果炒牛柳、火龍果炒雞丁、哈密瓜蛤蠣……許勝凱認為台灣在地水果新鮮又甜又好吃，別家吃不到的水果混搭熱炒，港都未來還會開發更多水果菜色。此外，港都熱炒一整排的飲料區，放置台灣在地酒類品牌、在地農產果類蜂蜜飲品、台灣梨山優質茶園出品的佐南庄桂花釀等，讓吃與喝一齊健康，輕鬆解膩。

一代店餐廳原貌，小時候的許勝凱與父母親。（照片提供／港都熱炒提供）

「港都熱炒」一代二代共同打拼出與眾不同的熱炒文化。（照片提供／港都熱炒提供）

榮獲二〇一七經濟部商業司 100+ 餐飲老店、二〇一九優質台灣地方特色推薦、二〇二一獲選農糧署「十大英雄聯盟之一」、二〇二二十大傑出企業金峰獎殊榮的港都熱炒，透過熱炒文化，讓外國客也能輕輕鬆鬆享用台灣美食，乾淨整潔又科技的熱炒型態，在港都熱炒店內用餐，能見到許多外國客人手持筷子夾菜用餐，二〇二一年九月中山旗艦店盛大開幕下，雖在疫情期間仍高朋滿座。這段時間，二代許勝凱太太也加入行銷團隊，協助團隊

熱炒就是現點現煮、大口現吃才過癮。

向前邁進，未來港都熱炒的經營方向，許勝凱表示希望能調整菜色、製作醬料 SOP，保有每道菜在各店的味道，並縮減菜色、擴展店面，朝熱炒界連鎖店發展。

歡迎至港都熱炒體驗一台平板點餐，翻閱一本《現地熱炒誌》了解熱炒文化，再用一杯 143 ml 的啤酒杯喝台灣精釀的啤酒，乎乾啦！

港都熱炒

「港都熱炒」二代店用餐空間。
（照片提供／港都熱炒提供）

「港都熱炒」提供的熱炒美食與用餐空間，讓用餐的人都能放鬆享用。
（照片提供／港都熱炒提供）

中和總店｜
新北市中和區大勇街 12 號
電話：02-29406751
營業時間：17：00～01：00

中山旗艦｜
台北市中山區民生東路一段 52 號
電話：02-25221918
營業時間：17：00～01：00

地圖 QRCODE
中和總店

地圖 QRCODE
中山旗艦店

瀧乃湯浴室

風聲水聲湯客聲
聽見北投百年溫泉

捷運新北投線緩緩的開進溫泉鄉，綠蔭、陽光和瀧溪拼湊出一個冬日下午的北投。沿溪而行，經過幾間星級飯店，幾間家庭式浴室，北投泡湯文化早於日治時期前深入日常，現今北投單純泡泡湯或穿泳衣玩溫泉水，都能被滿足。再往上走點，轉角大樹下能清楚看見「瀧乃湯浴室」紅色大字樣。這座溫泉浴場已有百年歷史，大樹的後方依稀能感受到一股庶民味，來自古色古香的歷史建築。

北投百年湯泉瀧乃湯浴室。

Longnice Onsen

瀧乃湯浴室整修後外觀，招牌手寫字仍保留原貌。（照片提供／瀧乃湯）

一九〇七年左右，北投居民在溪畔搭建最簡單的浴池，是瀧乃湯前身樣貌。日治時期，軍方代為管理，保存至今的男湯大眾池，是露天瀧湯的原始模樣。一九五〇年代，由具旅館觀光業背景的林氏家族接手經營，第一代經營者林添漢先生決定增設女湯、個人湯，搭建大眾浴池屋瓦，家族經營方式已傳承三代，為北投溫泉一帶現存最古老的日式泡湯浴場。

世界唯一青磺名湯，最純粹的庶民味道

「浴室」、「澡堂」的概念，很自然的帶出了庶民文化平易近人、樸實無華的意義。一如瀧乃湯靜坐在小坡轉角，北投的生活氣息油然而生。

瀧乃湯的青礦湯，是世界上少有的珍貴溫泉資源。（照片提供／瀧乃湯）

「瀧乃湯浴池」五字，是二代經營者林明請印章店刻字師傅製作的，林明喜歡手寫字的感覺，三代林家人也珍惜這塊題字牌，重新整修時，牌子照舊使用，並要求整理的與當時刻字的樣式接近。這塊浴池牌，延續兩代人，自然成為標誌牌。

二〇一一年，第三代正式投入經營浴池，推廣新北投溫泉浴池文化，對於三代林佳慧來說，浴室，是洗澡的空間；泡澡，是享受，是每天洗澡都能做的事，有浴缸就能泡澡；而溫泉，能選擇、享受不同泉質，氣候到了，就需要好好泡溫泉，犒賞自己。許多瀧乃湯的老湯客會在夏季養生，台灣的夏天需要體內除濕，下午來泡溫泉，能將濕氣除掉，而冬天泡溫泉，能驅逐寒冷。

北投的溫泉旅館多選擇白湯、黃湯，而瀧乃湯的青礦湯，是世界上少有的珍貴溫泉資源，目前僅剩日本玉川與台灣北投擁有。青礦屬性的溫泉腐蝕性高，容易漏水，也無法上高樓，青礦溫泉多建在原始的地貌上。青礦也易因浴室間的縫隙自然滲透到其他地方，圍堵困難，更造成許多侵蝕問題。但青礦也因其具修復型態的溫泉屬性，能促進血液循環，許多勞動性較高的行業多會定時來泡。青礦是屬於泡澡的溫泉，不是用來洗滌身體的，更別在青礦池中搓身體，瀧乃湯會在池邊提供洗淨身體的冷水，讓湯客們隨時能降溫搓澡。

六十年來首度整修，使命感讓老屋瓦成牆

林家接手經營六十年來，首次大範圍全面整修，是第三代動的念頭。二〇一六年初夏，為期九個月的重整工程，保留了原始結構與湯池，與林志崧建築師事務所合作，以留存瀧乃湯精神為準則，讓原本老舊的建築物，不僅散發著泡湯氛圍，還能在既有歷史意義上，維持它的庶民味。

在修建之前，颱風來時，結構較為弱的屋瓦會震動，風也會灌進來。三代林佳慧聊到這間從小到大甚少轉變的老屋，充滿念舊心疼的感受，「老客人覺得像小雜貨店，也覺得像鬼屋。」林佳慧小時住在屋子裡，在浴池邊長大，現在的大眾女湯，原是自己家的浴池，女湯內的小池，原本劃分為兩小池，林佳慧國小時，覺得自己家裡的浴室很大。在還沒住進現代化大樓前，她總以為每戶人家的浴室都和瀧乃湯一樣，生活在起居空間與營業溫泉的狀態下，林佳慧在整修時特別強調：「重點是希望我家變成什麼樣，而不是從生意上考量。」也曾考慮過在原址蓋成一座飯店，建成想像的屋中屋大樓，後來決定照著姊妹們的想法與感覺走，還是回歸最純樸的湯屋氛圍。自己找建築師並參與設計師討論，具有歷史

將存有歷史的老屋瓦裝修成牆，不僅留住老味，也賦予新生命。

女湯未整修前的狀況。
（照片提供／瀧乃湯）

整修翻新後的女湯空間。
（照片提供／瀧乃湯）

整修翻新後的男湯空間。
（照片提供／瀧乃湯）

男湯未整修前的狀況。
（照片提供／瀧乃湯）

意義價值的空間，許多新銳設計師也提出非常大膽的想法，然而老屋翻修需要考量到經費，非現代化建築的空間改造是一大挑戰，須兼顧想法、維持原貌、後續維護等問題來著手整治。

重重考量下，瀧乃湯與事務所將屋頂的日式傳統瓦片留下來，改建成男湯外的湯屋瓦牆，並在材質的選用與製作工法上非常堅持，整修了原本居住的空間，四十到五十坪的小茶屋也隨之誕生。更在茶屋外打造了日式庭院，提供泡腳休憩的清幽環境。而由北投唭哩岸岩砌成的浴池，是瀧乃湯溫泉的特點，裝修時也在保留池子結構的狀況下，修復了男女湯浴池。拋開了補丁般瓦片的瀧乃湯，蛻變的風貌是第三代的用心良苦，抱著延續家庭使命感的瀧乃湯，讓自用住宅與商用溫泉空間，都有了理想的樣子，重新整

保留傳統味道的老湯，吸引新潮的年輕人拜訪。

理過的瀧乃湯溫泉，於二〇一七年再度開放，脫胎換骨的過程像是玉器拋光，打磨過後的瀧乃湯，贏得台北都更處二〇一七老屋新生大獎銀牌。

修正後重新營業的瀧乃湯浴室。

小本生意家族經營，世代的老湯客情誼

從奶奶到爸爸到林佳慧自己，過往的老湯客也參與了三代的成長過程，看著第三代從小長大。爸爸經營時期，也有自己的工作，瀧乃湯的營運不算太難，爸爸退休後回來接手奶奶的活，而三代林佳慧從大學時期開始幫忙、了解狀況，出社會後也是一邊工作一邊想著瀧乃湯的未來，沒有特別的接管時間點，順應天然的瀧乃湯，由林家人共同維繫著。二〇一六年是林家人開始討論瀧乃湯方向的一年，除了老湯客外，也想拓展新客源，而想要放慢經營腳步、長久的延續瀧乃湯情誼，更需要改變。一直都沒有特定經營方向與策略的瀧乃湯，把對「家的感情」放進來，不願意接受外來資金或股份，照著自己喜歡的氛圍走，小本經營，貴在保留，老湯客熬了九個月終於能再度享受青礦溫泉。二〇一七年四月，瀧乃湯低調的迎來重新整修後的首次營業，現在的氛圍，自然是家族

整修後，老湯客來泡湯，
仍可感受過去湯屋「家的感情」。
（照片提供／瀧乃湯）

湯屋有北投唭哩岸岩砌成的浴池，維持舊風情。（照片提供／瀧乃湯）

與生活感的氣味。

在官方的文宣品上，瀧乃湯總是被譽為北投必去的觀光景點。對於第三代四姊妹來說，瀧乃湯單純的僅是自己的家，「有點像是開放一個家裡的浴室給客人使用。」林佳慧笑著說，想起小時候奶奶的收銀區域，坐在房門外，看起來是在顧店，實際上看著電視，做著自己的事，老湯客知道奶奶是一尊立在瀧乃湯的保護員，老湯客熟習瀧乃湯的規則，自己熟門熟路的付錢泡湯，奶奶不一定需要經手收費。

過往的瀧乃湯全年無休，重新開幕後，固定週三公休，這是一個與老湯客的磨合期，除了每週固定讓溫泉池有了休息的時間外，還增加了清場時間，分時段

湯屋雖然改裝翻新，但原始風貌與氣氛依舊。（照片提供／瀧乃湯）

讓湯客都能享受溫泉。以前老湯客一泡就泡五、六個小時，現在漸漸與老湯客溝通，讓老湯客理解瀧乃湯新的風氣。不僅如此，新開幕的瀧乃湯，中央控制大眾池水溫，老湯客喜歡自己控水溫，想要控制到四十六度左右，林佳慧聊到老湯客們的習性，講話撒嬌、相互爭寵、自己維護秩序的老湯客們，「不是講道理的啦。」有些上了年紀的老湯客會開玩笑的責備瀧乃湯，說自從中央控水溫後，沒到四十六度會感冒，湯客們對溫度的要求是「差一度就會有差。」以老湯客、日本客占多數的瀧乃湯，再裝修後客人變得多元，多了年輕人與自然客，還有慕名而來的外國客人，湯客們在溫泉裡展現著屬於自己的故鄉文化。

三大老湯一個池子，閱盡北投溫泉文化

早期的老台北市通常指的是城內台北車站、萬華、大稻埕一帶，北投則是個「養雞養貓養兔子」的鄉下地方，林佳慧憶起學生時期，北投沒有溫泉旅館，當時的北投是以那卡西為主的風化區。軍人進駐、山地地形的北投，限時機車專送的「宅急便」是當地的特色之一，機車載的是人，在各家溫泉與餐館來去。傳統的三大老湯指的是：星乃湯（逸邨大飯店）、吟松閣、瀧乃湯；若以湯客地盤區分則分為：瀧乃湯系、青磺名湯系，二〇〇〇年前後開始，投資客進入北投大舉開發，北投的溫泉旅館多了起來，溫泉旅館形式大同小異，隨著時代的進步，溫泉旅館風格的多樣，逐漸符合現代社會需求。

改裝增加木質感，浴池泡湯也增添了不同的氣氛。（照片提供／瀧乃湯）

現保存於瀧乃湯庭院的「皇太子殿下御渡涉記念碑」。

林佳慧對自家瀧乃湯的觀察，下了一個最佳註解：一二代經營時瀧乃湯像「溫泉界裡的雜貨店」，交流講話方式有點像話家常，到了第三代像「溫泉咖啡店」，來自世界各地的湯友在浴池裡交流。老一派的澡堂文化是班長、副班長、糾察隊，湯客們個別成團，對新來的客人各有要求，成團的湯客也有勢力之別，女湯多因泡湯習慣不同吵架，男湯有時會相互大喊、嗆聲，只能透過柔性勸導解決湯客紛爭。世界各地前來泡湯的湯友也多，香港湯友憑經驗泡湯，多半不愛裸湯；歐洲常客以法國人為大宗，較懂泡湯文化；裸湯文化接受度較高的日韓湯客、大陸湯客，則各有各的在意點，不同的民族與文化在池子裡交流摩擦，林佳慧對湯友們的觀察入微，更在湯友們的身上了解文化的差異。

是小池子，也是溫泉文化展覽空間

庭院立有一「皇太子殿下御渡涉記念碑」，是日本人常來拜訪的景點，日本電視台也曾來採訪。許多日本人帶著緬懷情緒前來，好奇以前留下來的東西變怎麼樣了？在日本的錢湯文化也越來越少了，日本國內不是那麼容易泡到青磺溫泉，常需提前預約半年之久，林佳慧也曾前往日本玉川，體驗同為青磺泉的差異，具強酸性質的特點，常作為軍人療養的用途，溫泉的放射能量保健功能，也成為日本推廣溫泉的重點之一。林佳慧對於青磺的「有感溫泉」非常享受，也希望能珍惜看重北投的溫泉資源，具有公關背景的她，想讓瀧乃湯成為一個環境平台，讓這塊大家想來看看的歷史地點做為一個媒介，不僅能提供觀光諮詢，也能讓台灣在地用心的產品接觸到世界各地的旅客。二〇二一年十一月增設了瀧萱坊，提供足湯與小食。瀧萱坊，以四千金之一為名，紀念成為天使的姐妹外，「萱草」別稱忘憂之草，也期盼來享受足湯的湯友們能在此放鬆解憂。一座小池子，流動溫泉水，正用其特殊的療癒法，在樹蔭下閃閃發光。

瀧乃湯浴室

百年湯屋瀧乃湯浴室。

瀧乃湯戶外茶屋，
可供泡湯後休憩的小角落。

地址：台北市北投區光明路 244 號
電話：02-28912236
營業時間：（四）～（二）06：30 ～ 11：00，12：00 ～ 17：00，18：00 ～ 21：00

地圖 QRCODE

波斯洋行

中山北路六段四七四號
波斯地毯四十年在台史

古波斯帝國版圖遼遠，發源於伊朗高原，西至歐洲希臘半島，東至印度北端，稱霸中亞一時，領土也曾擴展至埃及一帶。想像波斯世界時，一張波斯地毯能將想像化成千萬縷線，擺在地面上，是一整張文化被攤開。波斯地毯距今已有二千七百年歷史，天然羊毛、純手工製作、獨特的打結方式，是人們對波斯地毯最基本的了解。然而，一張波斯地毯可沒那麼簡單，每條地毯背後不只是波斯文化圖騰的傳承，更多藏在圖騰背後——象徵的意義、家族的歷史、波斯的文化與窺見整個歷史上的貿易興衰。

一張波斯地毯，不僅是波斯文化圖騰的傳承，還有更多象徵意義在背後。

Moonrise Carpets

「這種雞，在波斯地毯上象徵富貴；眼睛符號，象徵遊牧民族盛情款待……母子佩斯利渦旋紋，象徵懷孕，孕育出新生命……」Netflix《瓊安娜絲路大冒險》第一季第三集，瓊安娜在現代伊朗市集上與地毯貿易商聊著天，現今古波斯版圖除了伊朗外：阿富汗、土耳其、哈薩克、巴基斯坦、部分從蘇俄獨立出來的國家，皆留著波斯地毯的血液。在台灣如果想要擁有一張《一千零一夜》裡乘坐的波斯地毯，歡迎至台北中山北路六段四七四號，一間創立三十餘年的波斯洋行，隨著爺爺從巴基斯坦來台第三代羅樹德老闆，為您服務。

「什麼都不懂，只懂地毯」出生就在地毯裡的羅樹德

波斯洋行 Moonrise Carpets 在亞洲的歷史始於香港，至今從未更名。一九四〇年代，爺爺從印度抵達香港，當時巴基斯坦還未從印度獨立出來，印度還是英國的殖民地，同屬英國殖民地的香港，正是從事貿易的好地點。在香港，多數的波斯地毯流向觀光客，而隨著

美軍駐台，地毯在台灣的需求漸增，羅樹德的爸爸與叔叔決定來台做生意，在中山北路六段 474 號設立波斯洋行，在台據點與店名從未更換過。一九八四年羅樹德來台灣求學，他指著窗外的信義房屋，「那裡以前也是一間雜貨舖。」那年代的台灣，想要買到舶來品不是到內湖的好市多，而是來天母的中山北路。中山北路六段進口雜貨店林立，專賣舶來品，地毯店開在主幹道上，一眨眼數十年過去，其他地毯店也陸續在波斯洋行周圍營業，而在幾次興衰後，波斯洋行仍持續在中山北路亮著燈火。

對地毯如數家珍的波斯洋行羅樹德。

台灣最早的地毯生意是羅樹德的叔叔開始，天母是美國學校、美軍的駐紮地，一九七〇年代因應美軍需求，客人多為在台外國人。一九八三到一九九二年是台灣最繁榮的年代，羅樹德形容那時「到處都是工廠，每個人都在忙」，客人也在一九八三年後變

波斯洋行一字排開的地毯。

每一張波斯地毯都有它的故事與意義。

得多元，美國人、德國人、瑞典人等外國客人外，本地人也加入波斯地毯的購買行列。和叔叔、爸爸一起經營，什麼都得做。做地毯生意需要體力，通常年輕的時候負責在外接洽客人，年紀大了就回國「找地毯」，羅樹德透露：「這個生意主要是來源。」在外知道當地人的想法與喜好圖樣，有了經驗累積，回到巴基斯坦後，找尋客人喜歡的樣式，現在羅樹德的爸爸、叔叔依然在國內尋找美麗的地毯。

「中文一個字就夠了！」羅樹德帶著堅定的眼光說著，出生在巴基斯坦的他，當初來台只是想學中文，學成歸國後想到巴基斯坦外交部做事，本來已經「算好了」的他，打算一畢業就回巴基斯坦，但爸爸叔叔比較聰明，讓羅樹德邊唸書、邊顧店，畢業後馬上接手管理。台大求學時期，店裡滿山滿谷的地毯，羅樹德的同學到店裡寫作業時，同學就像劉姥姥進大觀園一般，闖入波斯帝國。羅樹德讓同學坐在地毯上，開玩笑的和同學分享：「你別忘了你在坐的這個地毯好幾十萬！」店內一張波斯地毯可比一組L型沙發還貴。出生就在地毯堆裡的羅樹德笑著說自己是：「什麼都不懂，只懂地毯。」深入骨髓的地毯魂，看電影、照片時只會注意裡頭地毯樣式的羅樹德，沒想到太喜歡台灣，待著待著四十年就這樣過去。

世世代代經營的家族生意，在台灣也不能中斷

波斯地毯這門生意，沒有想像中那般理所當然，在巴基斯坦等波斯地毯產地，製作波斯地毯的人們仍舊保有傳統習俗，做地毯的手工藝是「傳子不傳女的」，而「家族」更是波斯地毯的誕生的重要資產單位，來自哪個產區的波斯地毯，一看就知道。純手工製作的地毯，透過不同家族的打結方式能一眼認出。羅樹德將兩張地毯的一角翻至背面，「你看，

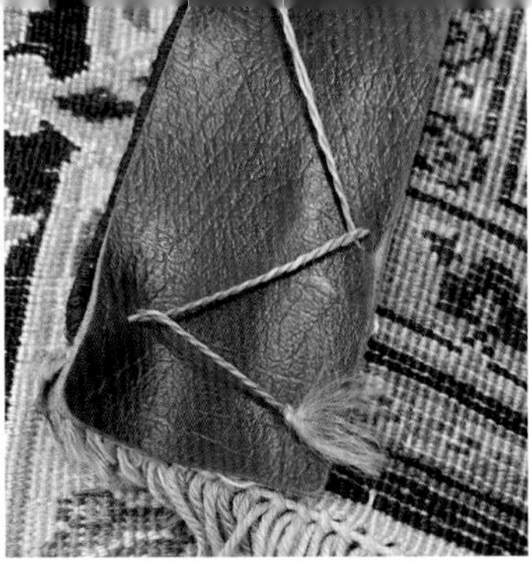

地毯背面不同的打結，
代表的是不同家族的印記。

兩張地毯，表面乍看只有紋樣不同，但翻過背面卻大有玄機。

這兩張地毯的結完全不同。」結，是家族的印記。羅樹德家族世世代代經營地毯生意，在巴基斯坦第二大城拉合爾擁有足夠的經驗與知識面對市場考驗，面臨全球化的現代，波斯地毯生意仍舊充滿神祕的顏色。

「最早是先到深圳，後來才到上海。」羅樹德談到在台灣紮根以前，他也試過在其他地方做生意，然而其他點沒像台灣一樣讓他安心自在。「台灣很自由很安全。」是羅樹德最後落腳在台灣，且長久經營的最大原因。雖然在發展中的上海生意比台北好，但波斯地毯生意不僅僅看營收來源，也非常看重客人的品味。羅樹德談到在上海、香港、台北做生意的差距，在上海曾經白天放三、四條地毯在客戶家，供客人白天夜晚比對選擇，而一夜過後地毯全數不見，做生意被騙的經驗讓他退避三舍；香港則多賣給觀光客居多，也因此，許多地毯商會將一般人看不太出來小瑕疵的地毯賣給觀光客；台灣客人則多為本地人，一張張挑選，留心價格與品質。在羅樹德心裡，懂得挑選波斯地毯的客人具有一定的水準，羅樹德也非常熱衷和客人介紹每張波斯地毯的差異，買地毯，是買房、裝潢的最後一個步驟，許多房屋裝潢常常直接交由設計師全權處理，與設計師溝通雖然不會有太大問題，設計師也清楚要的尺寸，但羅樹德認為，房子最終是主人自己住的，波斯地毯的款式與風格應該由主人親自挑選，遇到客人親自挑選地毯時，羅樹德會用一輩子的經驗與知識，幫助客人選張理想的地毯。

遇到真正喜歡地毯的客人，羅樹德不吝用一輩子的知識幫助客人挑選。

從細節可以認識更多波斯地毯的優劣。

請用最傳統的方法賞地毯：走到地毯前吧

一張波斯地毯的完美組成：毛、棉、絲、天然染與手工編織。品質最上等的地毯通常由絲線編織而成，再來是羊毛、駱駝毛，最後是棉，也有使用羊毛與絲混紡的地毯，而經線通常使用棉線。土耳其海雷凱（Hereke）便以擁有最上等、以絲編織而成的地毯而聞名。

決定波斯地毯價格的除了使用的線材以外，「打結」方式更是另一個因素—「一平方英吋打幾個結」是衡量的基礎單位，在手工地毯界稱為K.P.S.I.（Knots Per Square Inches），一平方英吋的結數越多，地毯便越紮實。當然每張手工波斯地毯都經過數萬次的打緯，呈現出來的圖案也非常細緻真實，傳統的波斯地毯能從圖騰判斷出產地與歷史。羅樹德拿出厚厚一本波斯地毯圖騰圖鑑，數百種的圖騰與數千種的延伸圖騰，能看出是來自伊斯法罕、大不里士還是來自中亞的

羅樹德手邊厚厚一本波斯地毯圖騰圖鑑，是日常參考所用。

哈薩克，家族與地名是地毯背後的意義，也有許多地毯上的花樣源自當地建築物、天花板圖案，與宗教的歷史建物有關，如伊斯法罕出產許多與清真寺有關的典型圖案。所有地毯的圖騰無法盡數，現今也出了許多符合現代時尚新穎的地毯樣式，與傳統樣式截然不同。羅樹德談到兩者製造的目的不同，傳統的波斯地毯承載歷史意義，而新開發出來的樣式更具商業意義，小型的波斯地毯更能取悅普羅大眾。

羅樹德認為波斯地毯是「只能體會，無法解釋」的。在巴基斯坦當地，家家戶戶地板皆鋪上一大塊地毯，在台灣地毯是裝飾品，在巴基斯坦是必需品。搭配大地毯的還有枕頭，通常枕頭裡面裝的是草，天然的取材讓枕頭也能硬挺起來。羅樹德緩緩聊著每件波斯地毯之於它的意

搭配大地毯的枕頭，裝天然的草，為枕頭增加蓬鬆度及硬度。

迎合大眾市場的小型地毯。

從參考圖鑑中可比對圖樣的來龍去脈。

義，對他來說，波斯地毯在網路上購買是不可思議的，雖然曾想過將地毯一張張放到網路上賣，然而，當實際走到地毯前時才了解，波斯地毯還是得親自站到它的前面欣賞，逆毛與順毛是兩件不同質感的地毯，每走三步路，顏色呈現風格皆有不同。

「品味要跟著時間培養！不是花一兩天時間就會達到。」精通波斯地毯奧義的羅樹德，不只了解織布機語言 TAALIM，還會自己修補波斯地毯，現在的地毯天然染、機染的都有，清洗方式與修補方式不盡相同，一本關於修補波斯地毯的小書擺在店內，每頁知識皆形於老闆羅樹德的手藝內。

傳承波斯地毯很重要，不論如何都會傳下

過去兩三年，羅樹德面臨地毯生意無人傳承的困擾，感到挫折心情沮喪的他，認為波斯

地毯的知識浩瀚龐大，如果沒有延續下去，那是一個浪費。原本大兒子有意接手，碰到最大的問題便是語言問題，中文對於大兒子來說太煩了，「忠誠路」、「中正路」分不清，讓他在台生活碰壁，而小兒子目前正在挪威讀書，羅樹德希望小兒子能接下家族的使命。依舊被傳承問題困擾著的他，身體還十分硬朗，當行動不方便時，羅樹德便會馬上做決定，在台歷經三代的波斯洋行，不只見證了時代的轉變，同時也烙下了一家族的世代交替。

波斯地毯還是得親自站到它的前面感受與欣賞。

Moonrise Carpets 波斯洋行

波斯洋行的地毯與遊牧民族包。

波斯洋行內羅樹德的工作日常。

地址：台北市中山北路六段 474 號
電話：02-28726174
營業時間：10：00～21：30（無休）

地圖 QRCODE

大春煉皂

微笑喚醒人與地友善環境的煉皂術

大稻埕傳承三代在地微笑品牌——大春煉皂，日治時期為「株式會社水記號」的肥皂廠，已近百年的歷史，第一代經營者李水土先生，一手創立水記號於大稻埕。一九五〇年，接手日本當時所創立的「大春石鹼」傳承至今，二代負責人李威信先生正式更名為「延春生技」。一九五〇年代，客戶遍及國內外五星飯店與航空旅業，與當年台灣知名藥皂、水晶肥皂擁有一樣良好的品質與信譽。

二〇二〇年，大春歡慶七十周年。（照片提供 / 大春煉皂）

DACHUN Soap

大春第一代經營者李水土爺爺。（照片提供 / 大春煉皀）

李家家族第三代，於二〇〇五年開始陸續承接家族產業，其中三位兄弟姊妹，在桃園總公司經營拓展代工製造、專業研發等事業。二〇一七年，在大哥李國禎延攬之下，李國榮回到家族產業，參與旗下品牌大春煉皀的經營管理，原為機構工程師背景的他，非品牌、企劃的工作背景，雖然對品牌經營剛開始毫無頭緒，但為了承襲李水土爺爺對肥皀事業的使命，一方面也想嘗試新的東西，內心已然確立個人事業發展，終於結束天人交戰，離開擅長的工作回家族協助。

一家四位兄弟姊妹共同經營公司，看在父親李威信眼裡滿懷開心。當時父親特地飛往美國，請大哥回來接手後，不過度干涉公司經營策略，從旁協助事業發展與必要投資。四個人是家人，也是工作上的好夥伴，一同和諧共事的要點是「公私分明」。李國榮認為公司經營要有個領頭羊，最後的決定，必須要能溝通、能支持，不管是不是親人，絕對不能把情緒帶到公司內部，尤其是同為親人手足，事業經營上卻有公私分明的默契，也因此雖然同為親人，彼此仍遵守著內心那把尺，讓父親感動外，大春煉皂也在代工與品牌上皆有一番新的開展。

大哥李國禎擔任執行長一職，從國外回來執掌時期是品牌轉型的關鍵。早期公司較為傳統，當時國外幾乎將行政流程數位化，執行長持續觀察公司同仁工作狀態，發現同仁花費大量時間撰寫工作紀錄，幾次向父親建言，嘗試「電腦化」、人才重新換血皆未果，緣由

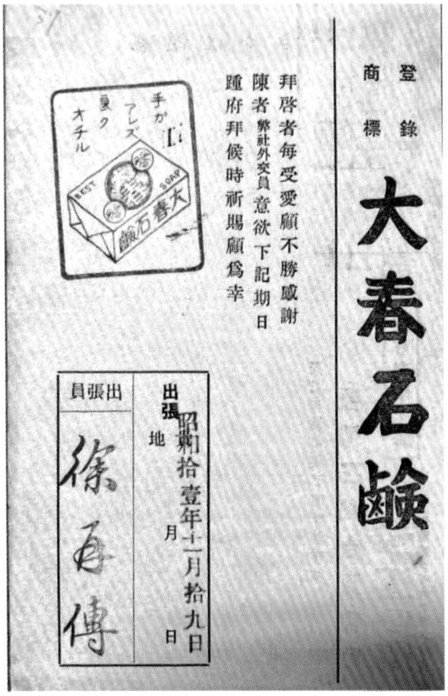

早期大春煉皂 Logo。
（照片提供 / 大春煉皂）

現代大春煉皂的廣告頁。
（照片提供 / 大春煉皂）

是父親相當重視過往一起打拚的同仁，做人處事將「情」字放第一，雖放不下此情，同時掙扎於家族事業進步的期許，最後也理解長子的一番苦心，且公司及同仁們需要隨時代共同成長，經歷了轉型震盪，在執行長領導之下，公司盈利成長三倍有餘。

從代工訂單到品牌塑造，李家三代的大春煉皂

在李國榮眼裡的父親較為傳統、守業，發展事業以來，甚少交際應酬，專心在代工生意的事業發展，早年專注鑽研產品、對客戶使命必達，取得各大五星級飯店以肥皂為備品的製造訂單。父親並非不願意做品牌，而是「人力」與「時間」的缺乏，一直無法執行，對於父親來說是種缺憾，第三代承接時，有了基礎，也有了能力。「好像可以完成父親的夢想」是李家三代共同的想法。雖總公司事業穩定成長中，由於成本考量一直是代工的痛點，比價更是人之常情。總經理另闢一條道路，將目標放在禮贈品市場，把市場打開，加上前兩代的基礎，從李爺爺的手中接過並推出家族的品牌，是第三代的福氣也是第二代的

夢想。品牌重新出發的過程艱辛，家人也相當惜福，從「為公司好」出發，居安思危、努力突破。當重新回到起始地，許多前輩情義相挺，終於在二〇一六年，第一間體驗店開幕，座落於熙來攘往的大稻埕，這是屬於李家三代大春煉皂的新開端。

一九三四年水記號創立。（照片提供 / 大春煉皂）

臺灣石鹼合資會社時期。（照片提供 / 大春煉皂）

現今大春煉皂店面。（照片提供 / 大春煉皂）

大正時代大圓笑臉，傳承至今

印在肥皂盒上的「大春石鹼」四字與笑臉商標，為日治大正時期保留下來，爺爺在經營事業時，已是「笑臉迎人」的了。爺爺李水土在當地做生意成功，頗有威望，如同廣告字

一九三〇年代大春石鹼產品。
（照片提供 / 大春煉皂）

大春煉皂標誌，以中英日標準字的圓狀組合。
（照片提供 / 大春煉皂）

樣上寫的：「拜啟者每受愛顧不勝感謝」，李國榮從小聽聞長輩提到爺爺奶奶，內心崇拜爺爺，認為爺爺是個了不起的人，小時候也對大春石鹼上的笑臉印象深刻，覺得有趣好玩，這張臉陪著李家三代們長大，傳承至今，成為大春煉皂的招牌。

李國榮回歸家族事業後，費了許多時間思考關於「家族傳承」的事，小時候對家中生意無感，印象只停留在小時候到附近買東西時會報上「大春」名字，也沒想那麼多，在參與之前從未想過會和兄姐一起接掌祖父留下來的事業，特殊的情感在開始經營品牌後，才實際有了感覺。看著大春長大，在大春的世界裡開始思考：「為什麼不繼續做？」對著這張大圓笑臉，了解家族傳承的事業，是值得花一輩子時間去做，也希望大春煉皂的笑臉，在世代交替中持續保持樂觀的笑容。

設計香皂聯名款，連結在地與國際

許多人開始注意到大春煉皂，可能來自大春的香皂聯名款，與Roots、Miffy、Hugsie、台北霞海城隍廟等眾品牌的合作，也相繼迸出許多特殊皂塊與香氣靈感。二〇一七年開始，多元化的聯名款甚至出現在各大音樂節、兩廳院、臺北流行音樂中心、金馬獎等，從在地到國際，大春煉皂以一塊精巧的香皂靈魂與超過一甲子的製作工法融入品牌之中。

百年大稻埕的文化習俗，也是大春煉皂的文化起點，與在地民間信仰霞海城隍廟合作，「順產平安禮盒」、「平安福皂」等聯名廟方款，推出時一皂難求；台灣國際影壇金馬盛會上，也留有大春煉皂的香氣。第五七屆金馬影展貴賓禮盒，「耀淨金馬皂」是立體浮雕款式，以深植人心的金馬頭印象造型，引台灣的草樹果木香入皂，為大春煉皂在國際形象禮品上，立下新的里程碑。

電視劇《我家浴缸的二三事》訴說關於美人魚的故事，大春煉皂即以復古設計帶出美人

愛倫單一麥芽威士忌皂。（照片提供 / 大春煉皂）

順產平安禮盒。（照片提供 / 大春煉皂）

魚在浴缸內的包裝；與 Arran 愛倫威士忌合作的限量皂款，添加單一麥芽威士忌入皂，偏男性的酒粕香氣，有如在橡木桶中沐浴；與 VERSE 雜誌合作，在高雅簡潔時尚的包裝下，留有少許大春煉皂的繁複花紋，品牌在市場上跨領域合作曝光，不僅在香氣上特調，也在包裝上別出心裁，凸顯合作方品牌特色與故事外，也保有大春自有風格。

不僅與品牌聯名設計，大春煉皂自家禮盒、經典潔顏皂系列「瓜顏閱色」等，皆有著獨具東方性的復古浪漫風，選用東方元素與台灣文化深具連結的意象，花磚、窗花、大稻埕碼頭、街屋、老洋房，皆圍繞迪化街所象徵的老台北文化重鎮，持續推廣大稻埕文化。而擺脫聯名的限制，自家禮盒上更能有大膽的設計，以銀箔卡、雷射燙印製作而成科技太空感的中秋禮盒，跳脫以往復古風格，使用大春煉皂洗澡沐浴也能放鬆身心的理念，拉開禮盒就能瞅見火箭奔向天空。

大春產品無添加有害成分，是每天都可使用的。

謹守三不原則，大春煉皂迎向世界

大春煉皂傳承三代，皆恪守李水土爺爺的教誨：「清潔產品是每天都要使用的」、「產品是要對這個環境有責任的」，製造程序六道工法、無添加有害成分，必須以不破壞環境為原則生產。自創立以來，對環境友善準則、提倡「量力而為」，做能力範圍內可以實行的事，李家三代遵循經營大方針，三項原則：不破壞環境、不破壞誠信、不誇飾，希望下一代也能踏實的維護大春的友善笑容。李國榮也談到，在大春煉皂的品牌形象上，「不允許有非事實的內容出現」，要求文案遵照事實傳達，不過度誇飾，品牌對於內容的傳達要求自然嚴格，才不會辜負爺爺的理念。

疫情時代實體店面雖少了遊客購買，大春煉皂卻仍在穩定中求成長，為因應未來疫情的不確定性，做事規劃上也轉趨保守謹慎。在網路通路上仍積極推廣產品，讓世界各地的人都能接觸到台灣友善環境的皂品。二〇二一年

大春煉皂店面。

底，大春煉皂官網全新上線，開通網路電商，經營數位內容，「在疫情狀態下，從小吃到大的餐廳不敵疫情收攤。」李國榮認為，由於疫情持續的影響，太依賴實體通路反而對品牌較為不利，與公司夥伴共同策劃系列網路推廣活動，提出「香皂訂閱制」方案，減少包材、簡單的使用肥皂，為生活清潔做規劃，並縮短無謂的採購時間。對環境有幫助，也能向外拓展使用肥皂的好處。

向國際發展也是大春煉皂近期的目標，已踏出一步與日本代理商合作，未來也希望不管是在亞洲等地，還是台灣，都能有實體店面販售大春友善環境的皂品，讓李水土爺爺當年的用心不僅僅是傳承過百年，也能傳遞到更遠的地方。

大春煉皂店面。

大春煉皂

大春煉皂經典「稻程時光」禮盒。

大春煉皂店面掛有傳承自日治時期的時鐘。

地址：台北市大同區迪化街一段 234 號
電話：02-25533062
營業時間：
（一）～（五）09：00 ～ 18：00
（六）、（日）09：00 ～ 19：00

地圖 QRCODE

豪門世家理容名店

熱毛巾豪邁的敷
開業至今大門從未關過

台北市早期觀光理髮休閒行業主要位在吉林路一帶，吉林路、長春路至今依然按摩店面林立，以前更有按摩街之稱。後期因 Duty Free 免稅店開設在麗晶酒店（晶華酒店），更因應台北市掃黃政策，觀光景點中心移轉，林森北路商業區域取代吉林路住宅區域，成為觀光旅遊業者結束一天行程的地點。

豪門世家內裝空間。

Dynasty massage

豪門世家理容名店吳董。
（照片提供／豪門世家 Wendy）

豪門世家理容名店吳董（右二）與家人。
（照片提供／豪門世家 Wendy）

當夜幕降臨，觀光客來台旅遊的晚間行程總選擇喝酒、放鬆等活動，豪門理容世家的誕生正是當時豪門主理人吳董的提議，從養生的角度出發，讓遊客回國時能帶著美好的回憶、舒服的身體，回國後還能回憶起按摩的舒適，意猶未盡而再訪台灣。

正值經濟起飛的一九七〇年代，吳董家中排行老大，出生於風情純樸的嘉義梅山，因緣際會來到台北打拚，和先生一同在大阪與台北兩地經營舶來品進口貿易，原本仁愛圓環的小店經營得有聲有色。人緣極佳、外型亮麗的吳董因工作緣故，長期日、台兩地奔波，突然面臨先生的驟逝，一肩扛下家中的經濟重擔，以及照顧家中老小的大任，因此結束需要長期兩地奔波的生意。

吳董擁有語言上的優勢，經朋友引薦至觀光理髮廳擔任日文經理，為人處世圓滑、親切海派的吳董，在理髮廳內受到台灣與日本客人的愛戴，不僅把客人當做朋友、家人般關心，也因工作能力好、才貌兼具的吳董，受到店主的青睞，入股工作的理髮廳。最後因經營理念不合、帳目不清，同期擁有革命情誼的同事與客人也為吳董打抱不平，鼓勵吳董出走自立門戶。正巧，無意間碰到林森北路有「理髮廳」正在頂讓，吳董毅然決然創業，於一九九四年成立豪門世家理容名店。

台式古早按摩手法，服務多樣周到

到林森北路上走走晃晃，按摩產業最為密集的中山區，豪門理容世家看上去並不特別顯眼，或是說，太過龐大的店面總讓人誤以為是酒家，許多人因門面很像是做色情的，曾有人進來尋歡，可是「他會後悔」，二代吳宗翰開心的笑著說，網路平台評論也總圍繞「純」與「不純」、「做黑的」、「酒店」等關鍵字，按摩師傅也提到，店外有泊車小弟，也總

老闆個人喜愛的收藏品，拿到店裡擺放，在疫情期間，讓自己的心情也能變好。

入口樓梯轉角間，可以看見日本志村健先生的人形立牌。

讓人以為是不純的按摩店，但實際上那是樓上的酒店接待櫃台。當時觀光一片榮景，主打觀光客、旅行社JTB、近畿鐵道等日本旅遊配套的豪門世家理容名店，不免俗也設置了一個泊車點，為來台的大型遊覽車提供泊車服務，提供最好的按摩體驗。

踏進店內，撞見樓梯轉角迎接客人的日本喜劇泰斗志村健先生立像，此是吳董透過日本熟識的友人牽線。這段台日情誼，也因志村健先生每回造訪台灣都會帶著他朋友、旗下演藝人員來豪門理容世家，而變得更加友好。志村先生回日本時，不忘寄明信片回來道謝。除此，在樓梯轉角間，也能一覽豪門理容世家賓客盈門的美好時代，林志玲、金城武、日本 Toyota 社長等知名人士，都曾來店體驗過豪門最讚的台式按摩服務。

躺在理髮廳的椅上，這裡有著按摩店少有的台式躺按服務，從做臉、全身油壓指壓、腳底按摩、踩背到修手修腳，一應俱全。換上衣服躺上椅床，師傅將一條條的熱毛巾往身上敷，這裡的熱毛巾全是自家洗、自家蒸，用量絕不小氣，吳宗翰強調，敷熱毛巾是雙贏的服務，不僅能讓客人的筋骨放鬆，也能減少師傅在按摩時手的傷害，在師傅力道拿捏與客人按摩感受之間，熱毛巾是最棒的媒介，放鬆完再來杯牛蒡茶，舒緩客人的心。

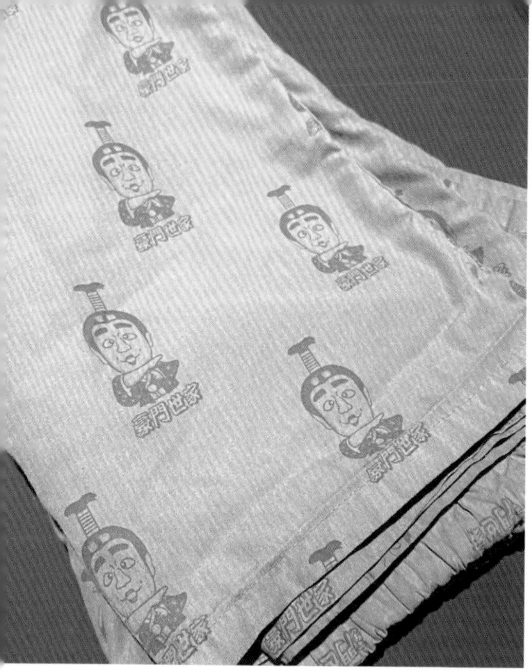

提供換裝的衣服，以相撲力士為形象標誌。

換上衣服躺上椅床，從做臉、全身油壓指壓、腳底按摩、踩背到修手修腳，台式躺按服務一應俱全。

豪門理容世家的包廂。

日韓旅遊團的最愛，一天服務四百位客人

吳董草創時期只有九位員工的豪門理容世家，在人脈好、服務好、口碑好的努力經營下，能同時服務百位以上的貴賓，堪稱全台規模最大的休閒理容店。由原先的台客為主，建立獨特的客製化服務，並轉為以觀光客為主的一條龍服務：從景點、捷運站、夜市等地，由豪門專屬服務載運到店內，結束後再送回飯店。

觀光鼎盛時期，最多一天能服務四百位客人。翻桌率、品項、位置都要發揮到極致，日韓客來台期間最愛到此，豪門理容世家將兩層的營業空間區隔開來，地下室四百坪的空間，專門服務日本客人，一間大包廂最多能服務

單人房的包廂空間。

二十三位客人。從日本客人做起，韓國旅遊團客隨之跟上，在二〇一七到二〇一八年間，韓國旅客數竄起，一樓兩百坪的空間專門服務韓國客人。熱門時段甚至引發導遊與導遊之間相互吵架、發生口角，都是因為要搶包廂位置。

豪門的包廂就連一人房的空間也十分寬大，最特別的是在頭上的傳統小電腦，那是櫃台與師傅之間的暗號，小電腦上跑著「豪門理容世家」與一些數字，8bit字體顯示，更為包廂空間增添了些許神祕的古早味。

疫情重創，一夜之間零客人

二代老闆吳宗翰泰然自若的娓娓道起疫情間的困境，從原本的欣欣向榮，直到二〇二〇年二月初準備吃春酒時接到電話，在「下一步計畫安排好了」的時刻，三月十九日，第一

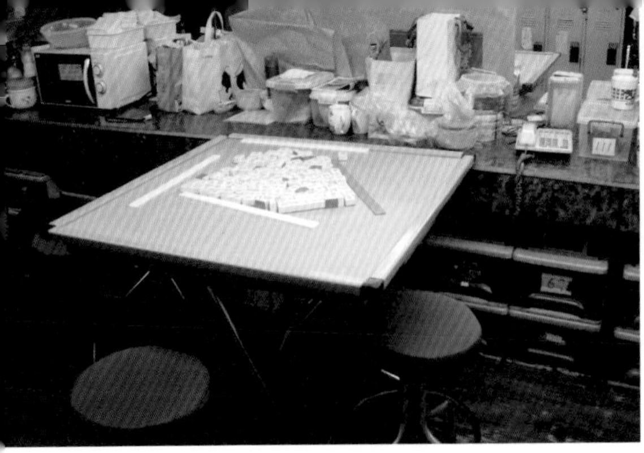

疫情影響下，二代老闆將近三個月每天進店，偶爾打麻將，與老員工們聊天解悶舒壓。

可以調配包廂空間的棋盤，可想見全盛時期客滿的模樣

波入境管制，禁止觀光客入台，三百四十萬的日韓客一天歸零，重創理容按摩產業。二〇二一年，疫情也未見好轉，五月到八月更是夢魘。吳宗翰笑笑的回憶往事，將近三個月每天進店打麻將，與老員工們聊天解悶舒壓，如果老闆來作陪，至少員工看到老闆不會慌。

在全盛時期擁有八台接送車的豪門理容世家，七台全數賣掉，僅留一台備用。不論如何，每天店內依舊維持三人在：經理、會計、櫃台，三個班，一天來六個人，堅持著二十四小時營業、二十八年來大門沒關過。十五位員工住在公司，老闆不收租且提供員工餐飲，許多員工是跟著吳董創立了這間店，在風光的時候待過，也在低潮的時候跟著二代老闆吳宗翰。

疫情的衝擊下，從百位師傅以及七十位行政人員，減至兩者相加僅剩六十八位員工，據師傅描述，當年一位師傅一天能服務十幾位客人，五十幾位師傅輪流著，現在許多老員工、老師傅仍然在等著榮景歸來。不願領薪水、跑去兼職其他工作，老員工體恤老闆，老闆也對員工坦承，豪門理容世家並非商業無情，在吳董時期即交代不許亂裁員，二代老闆吳宗翰到了這心境與位置，也瞭解了這層含義，在艱苦時期把一些玩具藝術收藏放置店內，看了大家都開心。雖然疫情一年賠千萬，仍在二〇二一年舉辦尾牙，人人都有獎、疫情獎、元老獎，讓大家都開心。老員工談起吳宗翰老闆，說老闆那是「好得沒話說」、「揪甘心」，打從心裡關心員工，打疫苗時還會前來關心，並表示：「只有老闆不要他，他不會不要老闆！」。

數位轉型成功，打開台灣客的眼界

三十歲正式接手公司的吳宗翰，管理公司六年間，就有三年受疫情影響，「心情像是做雲霄飛車。」原本是玩票性質的邊走邊觀察，跟在媽媽身邊看了幾年學習，從小幫忙摺毛巾、長大幫忙載送客人，記得媽媽的提點「基礎的東西要先了解」，現在全面掌管公司，

有許多名人都光顧過豪門世家，並留下簽名。

豪門理容世家，在疫情下依然堅守本業。

又面臨這麼大的困境，開始能理解媽媽，了解媽媽當初做決定時的想法，並在媽媽身上學到「海派的心境」，這也正是支持吳宗翰開業轉型的心態。

二〇二〇年五月開始，老闆與副董、小編及全體員工共同在疫情中走出另一條路，建立起一整套防疫機制，從網路平台、社群開始經營，透過旅遊平台，讓更多台灣人認識豪門理容世家，小小花費就能有大大的享受。師傅也相互幫忙，介紹許多熟識的台灣客人，一點一點重新累積。相較於日韓客，台灣客人給予師傅直接的回饋，師傅也從中得到成就。

觀光旅遊業這幾年變幻太大，吳宗翰幽默的

過去以觀光客為主的服務，因應疫情，二代老闆也嘗試發展另與社會局、學校合作的路線。

說自己現在是「半個社會觀察家」，在這段動盪時間邊走邊看，時勢在變，許多事情都該打掉重練。現代社會開養生館很容易，學習按腳門檻很低，按摩業也有點類似傳統、黃昏產業，年輕人不太願意學，三十至四十歲出現斷層，吳宗翰嘗試發展另與社會局、學校合作，給予中輟的青少年與更生人機會，學習一技之長。這些想法也與媽媽吳董有關，吳董在時捐贈救護車、安排至養老院幫忙按腳，吳董喜歡助人，吳宗翰在媽媽身上學到經營方式，也學到做人處事，「外界定義的豪門是一個公司、企業，但對我來說他是一個世代的傳承、交接，和我對媽媽的回憶，甚至是一個大家庭的結合。」吳宗翰堅定的說著。老闆邀請豪門理容世家全體員工拍照，在艱難的時刻，雖然辛苦，但臉上的笑容，未來也會持續掛著。

豪門世家理容名店

疫情影響下，觀光客入境管制，即使過去有名人口碑，也無法抵擋人客數的陡降。

豪門世家理容名店員工合照。

地址：台北市中山區林森北路 410 號 B1
電話：0800-369588
營業時間：（一）～（日）24 小時

地圖 QRCODE

詹記麻辣火鍋

火鍋是自由的料理！
心手合一的詹記宇宙

印象中屬於霓虹的九〇年代，台灣經濟飛快發展，下班來一客火鍋聚餐，是台北人的夜晚消遣。吳記、寧記、藍記……麻辣火鍋店在台北各踞一頭，各有風味，各擁愛客。人說「無辣不歡」的夜場生活，台北麻辣火鍋生意蒸蒸日上。

詹記二代巽智與店長米奇，把潮流、幽默與音樂性，加到火鍋裡。（照片提供／詹記麻辣火鍋）

Chan Chi Hot Pots Lab

詹記麻辣火鍋新莊創始店。（照片提供／蔡珮如）

一九九四年，一間名為「詹記」的麻辣火鍋在新莊開業了，創業一代爸爸詹啟東時年三十七，面臨經濟壓力的壯年時期，同時在西藥房工作。藥房開在新莊老家新泰路上，下班後不是帶兒子詹巽智去吃麻辣火鍋，就是在後面廚房嘗試火鍋湯頭，藥房後面的小天地可說是詹記的創始廚房。吃了「失敗品」麻辣火鍋六、七年的詹巽智，終於迎來父親的小成功，國中時候，詹記麻辣火鍋正式營業。剛開業時一樓只有七張桌子，生意慘淡，「一天只有兩千，維持了三年」，巽智下課和週末就在家端盤子幫忙，爸爸啟東總和客人應酬，喝到四點是稀鬆平常的事，吃火鍋吃的是人格與聊天舒壓，就這樣過了五年，上了軌道。

詹記麻辣火鍋敦南店外觀低調，店內卻充滿搖滾精神，與老店截然不同的風格。

新泰路的店面二十八年來仍在，詹記麻辣火鍋，不僅在同一店面為大家服務，二〇一八年敦南店的創立，更是開啟了新的紀元：詹記宇宙。

台式麻辣火鍋：鴨血與豆腐的精髓在溫度

出生於彰化農家的一代詹啟東，對火鍋的堅持有幾點：一、蝦子要用最好的蝦子。二、店內提供的肉一定要用紐西蘭、澳洲產地的肉。三、選用食材配不配湯頭味道。海鮮的味牽動湯頭滋味，當湯底是火鍋的本體時，海鮮的量必須控制得宜；對於鴨血豆腐的要求，更是有自己的看法，鴨血豆腐一直是詹記的招牌，父親啟東認為鴨血豆腐

「無辣不歡」是麻辣鍋的真義，都能吃到開懷。

詹記麻辣鍋。
（照片提供／詹記麻辣火鍋）

若想具口感，在於溫度的控制。父親啟東的機靈頭腦設計出一台「電搖鴨血機器」，利用店內的椅子與馬達，取代早期人工手搖冷卻鴨血方法。詹記高度重視鴨血的口感，使用自創手法讓食物保持心中理想的狀態。

詹記的湯頭帶點中藥材的辛香料味，巽智延續父親湯頭的配方，建立文字流程、記錄水量與數據化各項數字，讓每回熬的湯頭味道更為穩定。花椒，是湯頭提味的重點。椒，果實具有辛辣味的喬木，中文字「椒」在古字裡指的是花椒，而非辣椒。台灣因氣候條件不產花椒，而四川和陝西當地出產的花椒品質也各有不同，詹記特別選用不同產地的花椒入湯頭，保持湯頭的獨特性。

目前台灣是以重慶四川等風格麻辣鍋店為主的時代，而詹記則維持台式麻辣鍋對於鴨血豆腐的堅持，一直到了二代詹巽智手上。二〇一二年第一間分店敦南店開始營業，算是巽智接手詹記的起點。巽智從小總隱約的覺得，長大會順理成章地接手火鍋事業，對於「一家火鍋店」能長成什麼樣擁有許多想像，而真正踏上接班的道路時，卻是因為家裡需要人手，從內外場開始做起，徹底了解詹記內部作業方式，這段時間也在因緣際會下，遇見詹記敦南店店長米奇，兩人的隨心所欲是詹記 2.0 版的超展開。

詹記敦南店：屬於詹記二代的宇宙觀

敦南店是詹記麻辣火鍋的全新起點，更像一個全新的宇宙。長在手腳健全的一代店上，擁有更多空間自由揮灑想像。二〇一八年十月正式開業，裝潢時期，父親啟東從來沒有來過，全交由巽智與米奇打理。美術系畢業的二代巽智碰上玩音樂的店長米奇，碰撞出「有別於一般」的火鍋店。畢業於北藝大美術系的巽智，從事多年平面設計師的工作，對於成為藝術家，他說他「沒有足夠的勇氣」，而把藝術的自由，放進火鍋店裡面；店長米奇當

詹記的視覺標誌，一眼看去，會誤以為是加油站的油品符號。

美術系畢業的二代巽智碰上玩音樂的店長米奇，從外拍就可看見兩人的幽默個性。（照片提供／詹記麻辣火鍋）

過樂手、教過打鼓、開過音樂教室，在不穩定的生活下，毅然決然的踏入詹記，展開第二段人生，把潮流、幽默與音樂性，加到火鍋裡。

詹記敦南店，是間「不用解釋與說服」的店，平均用餐年齡落在二十八至四十歲，充滿年輕人的活力感。打造詹記敦南店時，依照九〇年代台灣餐廳的樣貌，建構出想像中的樣子。對於一代爸爸詹啟東來說，開創的火鍋事業，在意的是生意與食物，而在二代身上，啟東爸爸也感受到「文化感」，在一間火鍋店的一、二代交流上，雙方能在經營的過程上相互理解。啟東爸爸的新莊一代店，更像詹記的樣子，能動的地方較少，卻也保留創業時最初的味道；敦南店是「完熟的二代店」，在巽智、米奇的眼中，敦南店是擷取了過往的經驗，與自身的思考後，呈現心中理想的狀態。

對待客人像對待朋友家人一般，是對詹記的第一印象。第一次去吃的時候，湯底不小心濺起，好巧不巧的噴進眼睛裡，店裡的夥伴立馬拿著生理食鹽水沖洗眼睛，又能好好回到位置上用餐了！在敦南店用餐，被開心的氛圍環繞，這裡的服務生不見矜持，他們就像朋友一樣親切自然。服務客人時，望著客人的眼睛，不迴避自我個性；生日的時候，唱生日快樂歌給客人聽，想聽別首歌也行，也因此在詹記內用，附帶的娛樂不少。米奇店長鼓勵夥伴用自身的個性去發展詹記文化，不需太過刻意，不是每個人都要一樣，得嘗試自己的方式，探索不同的可能。

天花板鑲嵌彩繪玻璃的店內空間。

鹽燈、紅龍魚、富貴竹與充滿意外的火鍋店

走進詹記麻辣火鍋，就是場體驗：銀白色大廳與電梯，隨機播放著八〇、九〇年代的華語音樂，吃火鍋配音樂的詹記形象，敦南店做到深植人心。跟著時事播音樂，酷龍、王力宏，進店裡除了吃火鍋、吃音樂，還吃回憶。一張簡單的菜單，是老火鍋店的傳統，菜單上的菜色由詹記精選，簡單的菜單就能點好餐點，老店的做法被保留下來，詹記的空間也是。

店面陳設充滿 80、90 年代的華語電影與音樂元素。

詹記的寵物「詹紅龍」。

玫瑰鹽燈在店內排排坐，吃火鍋也能有能量。

吃火鍋也能有不同空間體驗的詹記麻辣火鍋敦南店

「沒有預算的概念！」望著詹記的寵物「詹紅龍」，巽智、米奇提到以前生意好的餐廳會放紅龍，那是小時的記憶，紅龍作為尊貴人家養的寵物，詹記勒緊褲帶也要放一隻在店內。由本事空間製作所設計的敦南店，不鏽鋼、銀管、霧玻璃，配上辦桌大紅色的桌子，詹記敦南店極具巧思，一張老式台灣小吃店常見的椅子，花色由藝術家羅智信設計，從椅子到磁磚，店內的空間由小而大都是想法。巽智說：「以前是用美感選擇，現在是用藝術家選擇。」相信藝術家的直覺，玫瑰鹽燈牆、開運富貴竹，都是羅智信的想法。單一的東西重複起來，創造出神祕的魅力。米奇店長也笑著說：「有人覺得詹記很陰。」以為鹽燈的功用是鎮魂，實際上與風水完全沒有關係。

即使小小的門窗毛玻璃，也放入詹記的設計巧思。

即使小小的門窗毛玻璃，也放入詹記的設計巧思

「大家會覺得詹記是一個展覽空間。」一次兩次的實驗後，久而久之許多創意在火鍋店裡茁壯，歌手李英宏的《我想和你瞎 ft. 詹記麻辣火鍋》也是無心插柳之作，一次尾牙的閒談，讓大賣場廣告播報似的歌曲內容，在詹記敦南店首次播映；藝術家高愷蓮「勿忘我旅行社」愛的十年攝影展，穿著婚紗的新人們是多年的老伴，一張張照片展在詹記內，誰說吃火鍋只能是單純的吃火鍋？餐廳重視食物的本質與走心的服務，當然，如果踏入一間餐廳能夠得到意料之外的收穫，很幸運的，在詹記麻辣火鍋店訂個位，感受一下不經意的用餐體驗。

想到什麼就做什麼，自由的火鍋，自由的靈魂

隨心，卻知道自己在幹嘛，是詹記敦南店的一言以蔽之。經營社群、管理店內，皆是發自內心的想到什麼，就做什麼。沒想過要經營粉絲專頁的兩人，隨著自由的發文，幽默的文案與配圖，實際互動率每創新高。線上如何隨心所欲，線下比照辦理。「下午有人要吃火鍋嗎？」一個念頭，搭配一件「下午吃鍋」詹紅龍T恤，嘗試下午時段營業。

疫情期間採用螢光粉色的隔間板，詹記敦南店的防疫設備隨心不隨便。對於疫情，詹記且戰且走，發展線上點餐、訂餐，將疫情傷害降到最低。二〇二〇年與勤美合作，在台中辦起「浪漫屋 by 詹記」快閃店，外殼是錄影帶店，裡面賣著麻辣燙與麻辣串，疫情時期，詹記也自由的嘗試麻辣火鍋的變形體。

詹記設計T恤，充滿詹記獨有的風格。

加入幽默元素的詹記燈箱。

大量運用的彩繪玻璃，讓吃火鍋的客人也吃回憶。

LED 跑馬燈不定期自由有趣的內容
是詹記空間的一大亮點。

店長米奇認為，自己踏入餐廳這產業是「半路出家」，透過不斷參考、學習、考察，去了解每家店的實力、湯頭、服務與設備。詹記認為火鍋是自由的料理，火鍋是半成品，火鍋是選物店，想要怎麼食用，從醬料到食材，全由自己決定。原本客群主要是台灣人的詹記，在敦南店開了之後，香港、日韓客大增。紮在爸爸啟東深厚的底子上，巽智強調餐廳的本質仍然是「吃」，詹記的食物高規格把關，不穩定的食物就停賣，在感受的問題上，以科學的方式與表格，穩定所有湯頭。一邊隨心的玩創意，一邊打著馬步練功。

LED跑馬燈閃爍著新年祝福話，八、九〇年代的霓虹時光，和麻辣湯底一起閃著滾著，這裡是詹記麻辣火鍋，擁有自由靈魂的麻辣火鍋。

詹記麻辣火鍋

詹記二代巽智與店長米奇。
（照片提供／詹記麻辣火鍋）

詹記鴛鴦鍋。

地圖 QRCODE
新莊總店
敦南店

地址：
新莊總店｜新北市新莊區新泰路 187 號
電話：02-29982794

敦南店｜台北市大安區和平東路三段 60 號
電話：02-23777799
營業時間：（一）～（日）12：00～01：00

合興糕糰

一張回不去的船票
成就南門市場點心傳奇

透紅色的袋子上羅列著合興糕糰的「三大特點」：一、不放漂白粉防腐劑；二、不偷工減料古法精製；三、不腐浸水又滑又軟香，隸書體直行直白的陳述著上海合興糕糰的匠心獨具；袋上另一邊將合興的「營業項目」依序列出：從壽桃壽糕到糖年糕，十條項目，由左至右排開：麵食金糰、湖州粽子、寧波年糕、銀絲捲、特製素菜包、富貴雙方、元宵湯圓、紅豆年糕，合興糕糰僅僅製作這些點心嗎？

南門市場內合興糕糰店鋪。

HOSHING

林林總總的點心類食品。

走一趟南門市場觀察，開業七十五載的上海合興糕糰，林林總總的點心類食品包山包海。第一代創辦人任仁昌先生，在上海任職糕餅師傅，江南一代對於米麵為主的點心總稱為糕糰，一九四七年開始在台北做起簡單的生意，南海路上搭建的市場是合興糕糰的起家小鋪。

從寧波、上海到台北，回不去就留下來

那一代人很厲害，因為動盪，因為局勢，人們總是去到哪裡，就得有一個生存方式，支撐著生活。任仁昌先生從小在上海做學徒，學習餐飲，鑽研糕點，當時因戰事告捷，隨著師傅來到台灣，沒有特別的計畫，來台灣邊看看邊遊

玩，沒想到回去的船票都買好了，前一兩個禮拜突然被告知船不開了，先走一步的師傅回去了，卻再也出不來，而任仁昌先生則因回不去「被逼著變師傅」。

寧波年糕，是任仁昌先生第一項販售的點心，和台灣常見的福建年糕較為接近，一般人對於寧波年糕的印象是純白切片樣，「一定要使用水磨的方式，和做麻糬一樣，一定要用捶的。」寧波年糕因此彈性較好，口感也Q。第一年的生意做得不錯，寧波年糕深受台灣人喜愛，「大陸早期使用在來米摻糯米，台灣使用蓬萊米，在來米較硬，無法煮稀飯熬粥，而蓬萊米軟硬適中，成分好，年糕使用蓬萊米製作，不用再摻糯米。」爸爸留下來的

合興的壽桃與糕點。

口味眾多的豆沙餅。

年糕功夫，任台興懂得透徹，製作糕糰的底料是口感的關鍵，台灣物產品質好，使任仁昌先生在台灣開店，多了一些信心。

「明明知道家在哪裡，但是回不去。」第二代任台興先生回想父母親的故事，父親來自寧波，母親是蘇州人，兩人不約而同來到台灣，因面臨相同處境而無法回鄉。「兩手空空到台灣，這一生都在台灣。」任仁昌先生在台灣晃了一圈，那時台灣幾個較大的城市：高雄、台南、嘉義，都曾有待下來的念頭，最後還是選擇落腳台北。

外白渡橋與南門市場，根扎下去

選擇在台北定居下來，是因為任仁昌先生覺得台北像上海，尤其像外灘外白渡橋一帶，上海有黃浦江穿過，台北有淡水河作為水運航道，相較於當時的上海，台北安全性高且安定，適合經濟活動。台北市場的氣息味重，也是選擇在台北扎根的原因。「南門市場的地勢比較高，以前淡水河的船，是可以開到萬華、南門市場的。」任台興解釋南門市場的吸引力，「從我開始記事到現在，南門市場從來沒淹過水。」台北的水患四起時，廈門街因地勢低，還曾淹到二樓過，父親帶任台興去看，了解南門市場的地理條件優勢。

糕糰生意隨著南門市場的遷移而改變。南門市場早在二十世紀初成立，日治時代因地處千歲町，故有「千歲市場」之稱，是當時台北千歲町蔬果集散中心。戰後正式更名為南門市場，為台北重要的南北貨聚集地，不僅因江浙人居多而常被稱為「江浙人的市場」，更

西元1969年 (民國58年)
配合臺北市各行政區籌建行政大樓計畫暫時遷至南海路臨時市場營業。
西元1981年 (民國70年)
全體攤商遷入新建完工南門市場營業；完工後，南門市場分為地下一樓及地上一、二樓；一樓以熟食及南北貨為主要商品，二樓以百貨、飲食為主要商品，地下一樓則以生鮮蔬果、魚、肉及南北貨為主要營業品項。
西元2008年 (民國97年)
為了強調節源，大樓架設了太陽能板提供部分電力，於建物外表設置植栽牆，落實節能減碳與綠美化，讓南門市場蛻變成環保綠建築。
西元2011-2012年 (民國99-100年)
市場硬體設備電器老舊，南門市場分棟層整修，重新規劃市場水溝、地面防滑及公共設施，並於加強美食廣場燈光及攤位規劃，設置共食區，並辦理許多行銷活動推廣市場。
西元2019年
傳統之最 南門之味
NANMEN New Open!
南門市場大事記。

在南門市場的合興糕糰店鋪現今規模。

在多年後包辦了大江南北的味道。南門市場第一次大型改建搬遷在一九七〇年代末，在南海路上搭建起臨時市場，合興在南海路上搭棚子做生意。臨時市場的髒亂與昏暗，讓合興的生意腰斬，好在幾年後擁有了自己的店面，南門市場變得明亮，生意又回來了。

出生在南門市場閣樓的任台興，聊到母親來台灣，原本想「玩一玩，不喜歡再回去。」沒想到「來了就回不去了」，母親便跟著父親創業。樓下是父親的店面，樓上閣樓是家人休息的地方。母親最早起床，每天工作超過十二個小時，挺著大肚子也做。產婆來家裡接生，任台興與南門市場的回憶，一直寫下去沒再斷過。

「小時候家裡很熱鬧，五點就要起床。」是任台興對南門市場的印象，父親手藝好，母親會持家，兩人一起打拚。從小在家裡就能感受到家裡生意好的任台興，過節一定會在家裡幫忙，從孩童時期邊看邊學，「什麼節日做什麼東西」，春節做年糕，元宵煮湯圓，端午包粽子，中秋端上蘇式月餅。小孩子從小記得清清楚楚。因為父親有心臟病，母親從早忙到晚，任台興當兵前努力幫忙家中生意。退伍後，任台興主動與父母親請求，想到外面

合興的點心世界。

年節應景的酒麴與蘇式月餅。

去訓練一下、磨一磨。一年的時間嘗試多種工作累積經驗，後返家和太太一起正式學習，任太太跟著婆婆學習打理店內事務，任台興也擔起責任，接手上海合興糕糰店。

南門市場的第二次大型改建搬遷，遷移到中正紀念堂附近的中繼市場，生意影響不大，卻因碰上疫情，比第一次搬遷生意腰斬還嚴重。二〇二〇過完年後，生意開始下滑；二〇二一年全體員工輪休兩個月，「所有員工都超過十年以上」任台興感慨著，有的員工從國中便跟著父親一起工作，一代、二代交替後，二、三十年來皆在合興幫忙，老闆和員工同樣不捨；二〇二二四月疫情再度重返，「人很敏感的」，任台興在攤位前走著，南門市場早上八點的人不如往常，合興仍然在店內準備著端午粽，一切保持平常心的過著。

端午包粽子是不可免俗的產品。

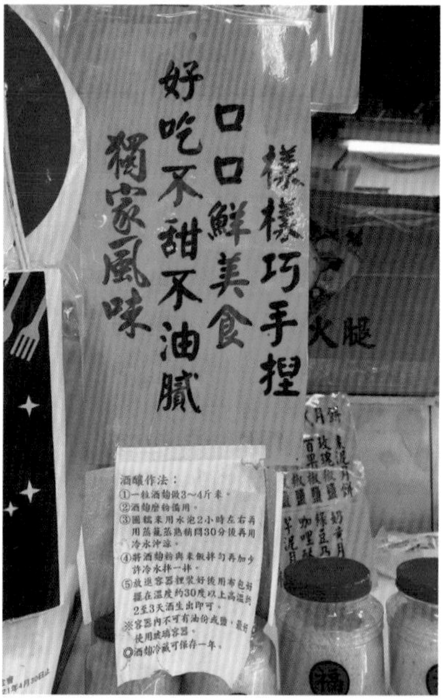

自家糕餅皆手工捏製。

創新大桃包小桃，客製化母子壽桃

「上海粽，是生米去包，包了水煮。」談起兩岸飲食差異，任台興對各地傳統作法瞭如指掌，「台灣粽是米先去蒸，蒸完之後再來調味，調味後冷了，再來包成粽子。上面擺很多東西，蝦米、香菇、蛋黃……上海粽呢？口味單一，肉粽就是肉粽，栗子粽就是栗子粽，白米粽就是白米粽，什麼都不擺，也不太調味。」強調吃米香、吃葉子香的上海粽，和台灣粽截然不同。

南北方粽子口味多不相同，任台興在一次江蘇太湖遊，開啟粽子創新之路。首次在太湖邊上見到當地人販售紫糯米粥，在台北沒看過紫糯米的任台興，聽說南部才有，四處找尋後，回台灣嘗試用紫糯米包粽子，如今的「黑米豆沙粽」更是合興的招牌。回鄉走訪後的任台興眼界開了，對於接手後的事業經營，擁有了許多想法。父親創立的合興初期即有許多食物：上海餛飩、粽子、油豆腐細粉、菜飯、炒年糕、芝麻糊、湯圓，這些現在在南門市場二樓，依舊能品嚐得到；回到自己身上，任台興認為，一、二代一定多多少少有點差異，除了現在的食材與先前的食材略有不同外，也增加了更多產品，以粽子來說，多了「雙鮮粽」、「臭豆腐粽」等等。

父親曾告訴他：「你就做，不要在那邊想，你不做你就不會。做了，你才知道這個東西合不合。」任台興將父親任仁昌的話謹記在心，合興嘗試許多新造型的包子與壽桃，每一年都有一個造型包，「熊貓包子」、「美猴王包子」皆是合興的創意之作。概念來自大腸包小腸的母子壽桃，更深受前總統蔣經國先生的歡迎。手工做的壽桃，一顆一顆小壽桃包進大壽桃中，整顆大壽桃被小壽桃撐起，客製化的母子壽桃，是許多合興老客人的愛，台

合興糕糰店鋪一角。

大壽桃包小壽桃是合興的創意點心。

灣人希望在壽桃上寫字慶賀，浙江、江蘇人喜歡將大壽桃放在柱狀高盆上。「客人要求什麼東西，我就做做看。」任台興接手後堅持任何新的嘗試，新的食材與想法「一定要自己先吃」，「你做出來的東西，你不吃，就不要賣。」大家想出來的東西，都做做看，不要害怕失敗，要努力嘗試。

傳承自對岸的糕糰技藝，在台灣延續下來。保持傳統的作法，一直是合興的堅持，不論是台灣或中國的許多糕糰店，因城市人口太多、鄉村年齡斷層大，要堅持下去實在不容易。合興一直以來在傳統市場經營，因店面成本低，較容易生存，並遵循父親教誨，穩扎穩打，一件事情一直做，「守得住，自然會成為贏家。」。

形象鮮豔、亮麗的合興糕糰店鋪。

手敲鬆糕敲三代，合興壹玖肆柒的誕生

「第一代苦、第二代守」是任台興對合興糕糰的詮釋，第三代女兒任佳倫聽手敲鬆糕的聲音長大。

鬆糕是一個個敲出來的，堅持七十年，全台灣只剩合興在敲。以前的鬆糕模是請木刻師傅手刻的，從鹿港、泰安等地找尋合適的木料，密度要實，木料要能承受膨脹與收縮，大小需適中。手敲鬆糕是第三代任佳倫與先生在迪化店創立的「合興壹玖肆柒」首

位在南門市場內 B31 號的合興糕糰。

推糕點。改良一、二代的鬆糕大小，調適濕度、氣候等因素影響，模具測試近一年，不僅大小更易入口，連形狀也做出變化。設計背景出身的任佳倫，原沒想過延續家中事業，直到去了英國留學後，發現歐洲的傳統市集與台灣大不相同，充滿活力的歐洲傳統市集，能保留許多歷史，也有新一代人的創新思維，鮮豔、亮麗的印象與台灣菜市場潮濕、幽暗的環境大相逕庭。當年輕人不願意逛菜市場時，一代人吃的東西也會出現斷層。

任台興對於女兒是否接下家中事業的心態很開放，如今女兒見過外面的世界，願意回來改良、創新，也感到非常欣慰。新開的迪化店，讓合興糕糰接觸到許多年輕人。「以前在南門市場，只有爸媽帶來……菜市場做，很封閉。」現在不只在南門市場能買到合興的多樣產品，也能在迪化店一口鬆糕配一口茶，曬著陽光感受手敲鬆糕的魅力！想要回味老滋味，走一趟南門市場，桂花捲、綠豆糕、棗發饅頭、酒釀湯圓……上海合興糕糰店，三代傳承守住市場也邁出大步走入商圈。

合興糕糰

合興糕糰任台興老闆。

創立自 1947 年的合興糕糰店鋪。

地圖 QRCODE

地址：台北市大安區杭州南路二段 55 號 1 樓
電話：02-23214702
營業時間：（二）～（日）07：00 ～ 19：00

老濟安

艋舺青草藥老字號

萬華舊稱艋舺，開發時間可追溯到一七〇九年。最早有平埔族紗帽廚社沿著淡水河生活，他們靠河吃河，也駕著獨木舟捕魚，獨木舟在他們族語稱之「mankah」，後來流傳下來音譯「艋舺」遂成萬華的地名。艋舺於乾隆年間興建了地藏王廟，西昌街順勢崛起發展，二二四巷蝟集了數十間草藥店，青草巷之名於焉形成。鑒於早年醫療的不發達，常常有病患前去龍山寺或大龍峒保安宮向神明求取藥籤後，逕至中藥舖去抓藥，也因此，寺廟旁邊的青草藥店或攤販，即成為民間的「藥局」。

老濟安第二、三代父子。

Healing Herbar

位在萬華西昌街 84 號的老濟安店面。

生猛老艋舺，青草老店蓬勃

老濟安老闆王榮貴（1959 年生）說老濟安的店名原叫濟安，他的媽媽、姊姊、姊夫是創店第一代，因為姊夫具備中藥和草藥的知識，於是一九七二年創店營業，除了販售青草，還有推拿與治創傷的草藥等服務。一九八三年他的姊姊與姊夫在老店對面又開了一間店，店號也叫濟安，原來在二二〇號的店就改名老濟安。一九九〇年代，姊姊和姊夫退休後濟安結束營業。位在現在西昌街八十四號的老濟安，原本是堆放青草的倉庫，王榮貴繼承老濟安後，二〇一〇年第一代濟安老店（二二〇號）出租了，才搬遷來八十四號的舊倉庫現址。王榮貴原本是打算退休了，但礙於還有老客戶的需求，三年前剛好遇到市政府有一個老店改造專案，就找兒子王柏諺回來承接。

王榮貴與王柏諺在倉庫的工作日常。

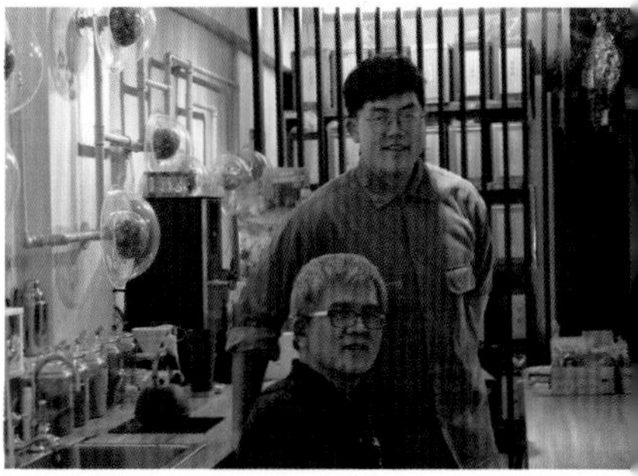
王榮貴（前）、王柏諺（後），
拍攝於老濟安吧檯內。

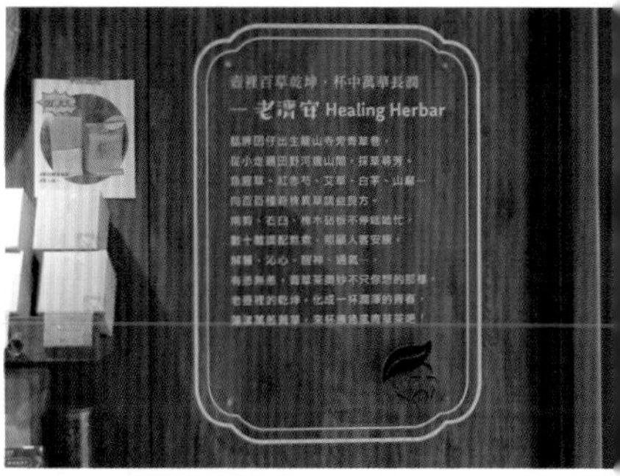

店內以文字簡述老濟安。

老濟安販售青草的歷史，從一九七二年開店經營至今已歷五十年。王榮貴出生在青草巷，他在青草堆裡長大，家裡會開青草店，也是受到社區青草店如雨後春筍繁榮的影響。他說，日治時代青草店不多，只有三、四間，更早期在龍山寺的周邊或現在公園的位置，都會有人擺攤或挑著裝青草的竹簍做生意，或者只是用一只袋子裝著青草。至於演變到後來的蓬勃發展，大概在民國六十年代。王榮貴說，艋舺這麼多青草店，主要源於早期醫學不發達，若要找一間中藥店或診所都有困難，而屬於庶民的青草店，也因此多了起來。早年龍山寺還有藥籤服務時，很多人就會去求神問卜照著籤單抓藥。

桶裝的青草，彷彿盛裝著一桶桶的歲月。

早期青草店使用的工具有砧板、柴刀、南剪與石臼等。

壺裡百草乾坤，杯中萬華長潤

如何挑選青草及青草從哪裡來，王榮貴表示，分辨青草好壞的品質，其實都是經驗的累積。一開始因為姊夫具備這方面知識，在經營過程中，老濟安自然慢慢累積自己的經驗。

一九七二年，十幾歲的王榮貴就開始在家中幫忙，因此簡單的青草藥都懂，在青草巷生活自然耳濡目染。他說媽媽那一輩的人對於日常用的青草有一定認識，即便還沒有經營青草店前，也或多或少熟稔。王榮貴陳述早期來青草店買青草的客人，對青草都略懂一二，醫學不

昔日青草垂吊陰乾的樣態。

發達的年代，那些中壯年的消費者們，身體有一些小毛病，就會去採藥草回來煮著喝，如果採不到就到青草店購買，而這種養生習性一旦培養，日後自然不會滋生大病痛，因青草可促進身體代謝，也就不易留下後遺症。他在店內幫忙時日久了，自然就能熟練地幫客人調配草藥。

台灣早期青草很多，王榮貴小時候常去還沒有築堤防的淡水河岸採藥草，一般常見的有桑葉、茅草、土芭樂葉、咸豐草、含羞草……很多都可以當作青草使用。如果是長於山區，就必須前往新店、木柵、三峽，或者八斗子海邊一帶尋草；後來的人工種植，分布在江翠、三

第三代王柏諺侃侃而談他對老濟安的理念。

重或樹林區等，但近年因為消費型態改變，種植的人愈來愈少。目前，老濟安仍與小農有合作種植常用的青草，但民國九十年代以後，台商轉入中國投資，藥草始有進口。目前青草店分布的重鎮，囊括北部萬華、永樂市場，中部在豐原，南部則是三鳳宮等地，有些青草還是跟老濟安批發的。

王榮貴表示這些民間的產業已漸漸凋零，如果無人承襲就會消失，因此轉型是為了讓大家認識青草的文化。就像每一種藥草，各自有安生之處，且生生不息。

草本向榮，濟世安生

王柏諺（1991年生）即便學校所念的是理工和日語，

工業風的經脈與穴位裝置。

但他自小的興趣卻是餐飲。儘管大學畢業在外工作了數年，但他從小就在青草店裡幫忙店務，自然有深刻的體驗。他說這項工作並不輕鬆，他笑著說就像「做工的人」一樣。

而讓他深感工作繁重的不外乎是：搬重物、批發送貨（早期雙北約有五成夜市店家訂原料，還有冬天的薑母鴨店家等）、大熱天煮四大鍋青草茶、青草粉塵附著周身、整天在戶外勞動等等，集合種種聽來，似乎不是外人看見的只是舀青草茶水販賣般輕鬆，背後工作的辛勞實在不足為外人道。他說通常最繁忙在夏季，冬季則處理訂單。

三年前，猶在外地工作的王柏諺突然接到家中電話，

煥然一新的老濟安。

希望他回來傳承老濟安，而這並非他所預期的。王榮貴因為參與了政府的轉型計畫，原本打算空間整理乾淨就好，結果並不單純，程序上需要行銷、企劃、產品設計、經營模式等，因此，王柏諺毅然回來扛下這個計畫案。

王柏諺一開始沒有主意，完全無法思考未來的方向與定位，王榮貴則只有一個中心目標，就是用最簡單的方式讓大家認識青草。但王柏諺覺得最簡單其實是最不簡單的，因為青草大概是六、七十歲以上的人才懂得，於今可能大半數人都不再接觸使用了。所以，如何讓更後面的世代來認識青草，這個問題讓他思考了很久的時間。再者，台灣目前沒有青草店轉型成跟老濟安一樣，因此更沒有參考的對象。他後來回歸到最初的消費者角度，來這裡就是要「喝青草茶」，而且認識青草以及了解配方，這是必須讓

老濟安產品的包裝設計。

消費者接觸的首要條件。於是，依照萬華這一區的狹長建築空間著手，喝茶如果擺茶桌，空間不足，於是有了吧檯的誕生，藉此拉近服務顧客的距離。

自從老濟安轉型後，近來消費的年齡層開始有降低趨勢，三十至四十歲的客群居多，另外，年輕世代的學生族群，可能為了撰寫文史報告和專題研究而來，老濟安也樂於協助他們，提供青草產業的發展歷史沿革與傳統產業的經營現況，讓更多世代認識與了解。

重新改造老屋，氣象煥然一新

老濟安在萬華的經營，與顧客的互動模式非常密切，基於這一點，空間的改造遂延續此面向。王柏諺希望這個空間具有紓壓的功能，於是將溫馨與溫暖作為設計的基調。吧檯的牆面加入小量工業風的元素，水管是經絡，裝載青草的球狀壓克力是穴位，成為一幅調理人體的風景。

門市後面的倉庫則保留最初老濟安的風貌，僅將舊時盛裝青草的鐵桶重新整理，貼上標籤讓客人可以一目了然所有青草的名字。天花板垂吊的乾燥青草，復刻王榮貴早年青草陰乾的樣態。老濟安目前也開發茶包、泡澡藥草等新產品。現場也以專業知識客製化青草配方，供客人帶回家煮茶飲用。

王柏諺分享了一些從前濟安青草店的小故事，有王榮貴熟識的老客人，車禍受傷打電話來請問王榮貴該如何處理（客人以為他的傷勢可以用青草裹傷），而且堅持見到他才願意就醫，客人最後當然言聽計從到醫院就醫，可見老濟安用心的經營深得顧客信任。王柏諺笑說，小時候在店內寫功課，客人還會從旁熱心的當起家庭教師教導；有時店內忙碌到空不出時間吃飯，熱心的客人路過，也會送午餐或包子給他們果腹，在在顯示老濟安與客人

位在老艋舺的老濟安店面。

緊密的關係。疫情發生之前，遠道從新加坡和日本等地來台灣觀光的客人，甚至帶著隨身翻譯來老濟安購買青草回國。

從濟安到老濟安 Healing Herbar，青草巷的草香味肯定持續飄香。

老濟安 Healing Herbar

老濟安青草新包裝。

地圖 QRCODE

地址： 台北市萬華區西昌街 84 號
電話： 02-23141878
營業時間： 星期日～星期六，
每日 09:00 ～ 18:00

焱馬號老虎麵

老中藥店裡嚐靈魂辣麵
三峽的江南第一好味道

三個火組成的「焱」字，音同「焰」，是火花、火焰的意思。三峽戶政事務所對街，隱身在茂春中藥行招牌下的麵店裡，焱，三座火爐一起開，三團火一起燒，爐子一團熱氣，燒成熱水、滾成Q彈的麵條。茂春中藥行大紅色字、鮮黃底色的招牌，是焱馬號三峽老虎麵老闆虎哥忘記拆掉後，索性不拆了的率性風格。遠遠望著茂春中藥行，可能無法得知，這家中藥行葫蘆裡究竟賣的是什麼藥？為何每次外頭的人龍總是列隊等待？

三個火組成的「焱」，焱馬號三峽老虎麵。

Yen Ma Hao

已見褪去色澤的「江南第一好味道老虎麵」匾額。

走進店內，飽受風殘的匾額大大的掛在火爐上方，「江南第一好味道老虎麵」，簡單斑駁的匾額招牌，在創業維艱的往事中，「老虎」二字已褪去紅色，第一代招牌懸掛於老中藥行店內上頭，原來是麵店！初次造訪的人或許不免訝異，而三峽當地的住民們，早已愛上焱馬號的好味道。

虎哥是匾額底下的焱馬號招牌，仔細瞧瞧虎哥在匾額下方爐火台前，動作迅速流利的嚐嚐麵的味道。在焱馬號每碗麵端上桌前，每碗味道與麵條虎哥都會先試看看，確保麵條的狀態理想。老闆虎哥曾出演台灣經典電影，也跑過幾年業務，二十幾歲某次在萬華跑業務時，在沒有GPS的年代，中午肚子餓吃個麵時，因緣際會下認識一位來自雲南的老師傅。師傅在民國初年打過仗，輾轉來到台灣，虎哥遇見師傅後誠心拜師學藝。虎哥對吃有興趣，也覺得門檻相較於其他產業沒那

三峽黃昏市場，擺上幾張椅子，老虎麵開張。
（照片提供 / 虎哥）

三峽黃昏市場時期的虎哥老虎麵。
（照片提供 / 虎哥）

麼高，適合當創業的根基，剛好遇到好師傅願意教，從頭開始學起，師傅教導虎哥辣椒的製作方法以及家鄉的料理手法，然而在如火如荼學習水餃的做法時，師傅突然先行一步回鄉去了，徒留虎哥一人面對手邊的食材與水餃。師兄師姐都已各自開業，虎哥只能不斷嘗試，精進料理方式，二十八歲時決定在三峽黃昏市場，擺上三張椅子，開啟路邊擺賣麵生意。

三峽熱情沙漠中，辣火燒最旺的麵店

選擇在三峽創業，因為穩定交往的女友小妮為三峽人，小妮在下班時間，幫忙虎哥路邊攤生意。創業初期沒有錢，工作的公司遇到危機，離職

老虎麵的老招牌。

後身上也沒什麼錢，「只剩六千元，原本選擇從七樓跳下去。」虎哥一臉正經的說，一天的營業額百元不到，日復一日地煮麵撈麵，期待著一天的營業額只要有幾千塊，「女朋友就可以辭職了。」。在那時，小妮家裡人擔心兩人的未來，而虎哥堅信在遇到挫折的情況下，伴侶能成為更堅強的防火牆，挫折也會激發潛能。雖說如此，當時的虎哥生活仍然是一場搏鬥，兩人開車加油只敢加兩百元，車子時不時拋錨在路上，黃昏市場旁的攤位卻從來沒想過要結束。

原在黃昏市場旁的攤位很小，與粥品店家共有，收攤時就連招牌都要拆掉。虎哥聊起火爐上方那塊匾額招牌，是虎哥姊姊請人做的，從請木工到電腦刻字稍微花點功夫，一塊兩百五，在路邊的小攤位上方就用麻將夾夾著，「就是因為窮！」虎哥說，這塊歷經滄桑的匾額，雖然便宜歸便宜，在台灣氣候潮濕的狀況下，風吹雨淋日曬還能保存下來十分感動，路邊攤的客人就認這塊匾額招牌，上面的題字也沒多想，姊姊隨意題的。

三峽腹地廣大，環境條件很妙，有老街、有住宅、有學區、有商辦，通常住在三峽的人會往土城、板橋跑，晚上才回來休息。在台北大學附近，多是連鎖餐廳，義大利麵、小火鍋、速食……面對三峽熱情的風土人文內涵，及虎哥與妮姐兩人的努力下，江南第一好味道老虎麵在沙漠裡開始燃燒了！妮姐在攤位旁吆喝著，客人慢慢多了起來，早期的特辣老虎麵遇上台北大學的學生，讓三峽沙漠的熱情更加旺盛。不知道是不是辣椒的辛辣調味，讓火燒得更旺，北大學生發起挑戰，相互比賽誰能先吃完一碗老虎麵，一群一群學生來挑戰，一個星期來了三、四天，還沒下課便要先打電話訂位，有的學生剛剛在課堂上還坐在旁邊，下課後又再麵攤相遇，常有排隊第一組、第二組都認識的情況發生，也因為吃麵，吃出了感情，吃成了死忠的老虎麵鐵粉。

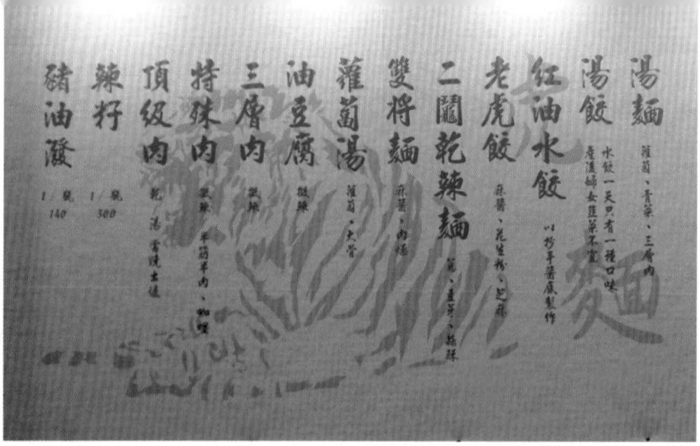

老虎麵的菜單很簡單。

「最好的師傅是客人！」
二䰎乾辣麵與一家店菜單的誕生

一開始只賣三樣菜：水餃、湯、老虎麵，曾經一天做不到五十元，老虎麵太辣，虎哥遇到客人反應「能不能做一個不要辣的？」虎哥想想，要嘛辣、要嘛不辣，的確太過極端，在「要開一間與別人不同路線的麵店」道路上，除了要有一個衝突的味道外，虎哥順著這個思維，將雲南師傅身上學到的內容發揮到極致，像是雲南師傅把辣椒料理到極限一樣，師傅來不及教的，就交給客人。

菜單建立的過程中，有了麵，有了湯，有了水餃，客人和虎哥說起主食豐富多了，那還欠點配菜，虎哥便選了大眾接受度最高的油豆腐，再加點肉的料理：三層肉從到店後，肉還是溫體時馬上處理，封存肉質的甜味；特殊肉以半筋半肉組成，配上咖哩粉，常在中午時完售；頂級肉選用骨盆上面的位置，肉較多也比較大塊，必須下午開始燉到晚上才會軟掉，是夜間限定。

說起老虎麵的精華辣椒從何而來？虎哥在三峽二鬮租了一間三合院古厝，外表看上去破破爛爛的像間鬼屋，在裡面則是老虎麵辣椒手工精心製作的地方，老虎麵的辣椒使用巴西的鬼椒，辣椒的味道非常刺鼻，虎哥在二鬮古厝製作辣椒醬，成了二鬮乾辣麵的名稱。

老虎麵的辣椒醬，吃了保證過癮。

「焱」象徵小攤上的三個火爐。

老虎麵的生意因靈魂之辣麵蒸蒸日上，「江南第一好味老虎麵」在新開店面開業前重新取名，從小麵攤上的三個火爐象徵意涵，第一個字取「焱」字，因為老婆喜歡馬，再加上馬，最後帶一個商號，從小攤位到店面，八年的時間，焱馬號以正經又不失幽默的方式出現在新老顧客眼前。

入厝茂春中藥行，誤打誤撞的老味道

麵攤的生意好起來了，卻碰上三峽黃昏市場拆遷工事，短時間內急著要做生意，當虎哥第一次經過茂春中藥行，看見這間店面，鐵門開都沒開，緣分卻如此奇妙，只找了一家店面的虎哥，不畏黃昏市場的其他店家對選址的嗤之以鼻，就決定將焱馬號的首間店面獻給茂春中藥行。

茂春中藥行早期在三峽老街營業，由屋主的爺爺開立的，在老街頗具名望，只因為看病不收費，而採用對等的方式以物品換取藥材，爺爺在三峽的威望也傳至爸爸，兩代人的茂春中藥行對三峽人影響深遠。茂春中藥行三代是焱馬號的屋主，屋主與虎哥談了幾次，人也非常好，將店面租給虎哥只有一個條件：「把所有東西整理好」，虎哥心想店面哪有多少東西，以為是淨空的狀態，沒想到鐵門一拉起，「全部是滿的！」，中藥材、藥櫃、人蔘刀……眼看時間不太夠用趕著做生意，虎哥一心橫，開玩笑說：「所以我們就不整理。」與屋主溝通後，在爺爺留下來的許多物品中，虎哥發現了許多老物件，在虎哥眼裡這些都是小寶貝，櫃台後面的「茂春中藥行」匾額便是其中之一，是日治時代留下來的百年招牌。虎哥認為既然緣分讓他與茂春中藥行相遇，心存感激，以此即在焱馬號招牌上向「茂春中藥行」致敬。

新店面前身為茂春中藥行。（照片提供 / 虎哥）

老虎麵的靈魂人物虎哥。

「專治：骨刺／轉骨／退化性關節炎」的字樣下，店內已全數裝潢完畢，留了許多中藥行具紀念價值的中藥櫃、玻璃櫃與藥盒，抽屜裡打開還能見到留下來的藥材，走到外面才發現茂春中藥行的黃色招牌忘記拆掉。這場純屬意外的新碰撞，虎哥說那就合理解釋：「因為裡面有『牛黃』、『琥珀』，外面有個中藥行剛好相呼應！」聽起來像是在亂搞，虎哥卻喜歡如此真實自然的緣分。在店內裝潢方面，選擇不會與「牛黃琥珀」衝突的灰色牆壁，能顯現店內金色的字；店內所有的桌椅、櫃子，更是為了與中藥櫃子搭配。掛上朋友寫的焱馬號的書法字，誤打誤撞的風格在虎哥的麵店裡，像琥珀保存化石一樣凍結住了。

打開中藥櫃抽屜，還能看見留下來的藥材。

麵店內還能見到中藥櫃中保留的藥材。

與茂春中藥行相遇的緣分，店內也保留下原來的藥材。

中藥櫃上方大大的「牛黃琥珀」字體。

人生的場所！台北大學八年級生的吃麵傳統

二〇一八年是叕馬號擁有店面的第一年，虎哥非常渴望傳承，希望叕馬號有天也能開家分店。曾碰過有人來想加盟，卻被問到「要多少錢才能把你的 Know-How 轉移？」虎哥裝傻回他：「什麼是 Know-How ？」對於年輕人不想學，只想快速複製的態度不以為然。

在北大學區創業，深受學生愛戴的老虎麵，虎哥、妮姐看著許多北大學生長大，學生也陪著叕馬號茁壯。畢業於台北大學的學生也表示，去吃老虎麵是畢業前珍惜的一段時光，老派的說法是「八年級生」與叕馬號有著共通的回憶，有的學生想起老虎麵是虎哥騎機車的故事，有的想起的是虎哥出演的經典電影，有的回憶裡是虎哥、妮姐好看又親切的長相，有的推崇的是虎哥待人處事的態度：叕馬號是「可以請客人出去」的，當遇到太多無理的客人，保持風骨；當遇到做工的人、軍警、消防隊等體力勞動者，不管手腳是不是髒的，身上是不是有味道，虎哥邀請他們進店，這裡和路邊攤沒有分別，虎哥也會主動多給一點料、多給一點麵，「需要的熱量比較多，那就該吃多一點。」

焱馬號T恤。

虎哥聊起他年輕的時候太喜歡創新，長大了反而變得念舊，江南第一好味道的匾額上，想給一些畢業的學生放些名片也好，畢業照也好，留下些學生的足跡。「年輕人肯願意為自己的想法去實踐，很值得為他們拍拍手。」虎哥、妮姐參與多屆學生的成長，時不時回北大看學生表演，不管是正在讀書的，還是已經畢業開始做事情的，對於虎哥來說，焱馬號不只是一家賣麵的店，只要「招牌在人就在」，焱馬號是人生的場所，「想留著這個品牌，小孩子、朋友們還可以平平安安回來看我們。」店永遠會在，以麵、以茶藝，以任何形式。

疫情期間，三峽戶政事務所旁的麵店正空班，應該是風和日麗的日子，虎哥與妮姐過條馬路到所登記，這是稀鬆平常的生活裡做的一件事，也是猋馬號三峽老虎麵一路以來在實行的，「做我們平常想做的事。」

猋馬號料理圍裙。

猋馬號老虎麵店

台北大學畢業學生贈予虎哥的春聯。

店內的虎爺。

地址：新北市三峽區光明路 100 之 4 號
電話：0925-225985
營業時間：（一）～（六）
12：00 ～ 15：00，17：00 ～售完

地圖 QRCODE

豪華少爺西服

時間裁縫師

豪華少爺西服店位在桃園市景福宮的廟後，早年博愛路這一帶為發展極早的商業街區，有桃園的西門町美名。現今仍存有許多古早味小吃店，還有傳統嫁妝、金飾、皮鞋等店家，以及磚造屋等，隱約可窺見這一區是桃園人早年生活遊樂消費的繁華之域。二〇二〇年桃園市政府規劃以「古城區創生記：古城新樂園」作為發展特色，積極針對具有兩百多年歷史的景福宮周圍舊城區規劃，朝向古城區的共榮、共好。由此，我們可透過豪華少爺西服店的發展，反映出曾經的舊城風華。

二〇二〇年，始重新裝潢的店面。

Mr. Luxury Suit Shop

使用縫紉機工作的陳界源。

陳界源數十年如一日的工作檯。以前當學徒晚上就是睡在工作檯上，工作檯俗語布床。

田尾來的少年，桃城苦盡甘來

陳界源一邊忙著縫製西裝，一邊閒話他的創店經歷。從景福宮後面繞過來，就是博愛路。沿街可看見這一帶的老磚造街屋反映著這一帶早年的繁榮，老建築裡有小吃店、鞋店、鈕扣店、包包店等，琳瑯滿目。「博愛路攏嘛西裝店尬鞋仔店。……時機也有關係，本來集中在這裡，後來飽和就慢慢外移，人潮分散後，比較沒有人了，有的店就收起來了，我是做久了，還有一些老主顧。」陳界源一言以蔽之這條路的產業發展。

陳界源（1954年生）是彰化縣田尾人，小學畢業先到南投草屯的鐵工廠待了一年，後來透過厝邊隔壁的一個姊仔，她頭家在台北蘭州街開西服店，他就北上來學師仔當學徒。當學徒的日子可不容易，每個月的初一、十五休假，半個月領一次薪水，三十元，一年返鄉兩次。陳界源說，做衣服最甘苦就是時間很長，工作滿檔時，常熬夜到凌晨兩、三點。一天工作時數至少需要十幾個鐘頭，晚上睡覺睡在布床（工作檯）上。布床上散放的是他製作西服和褲子的工具，包括直尺、粉土（打版畫線用）、日本製庄三郎剪刀、熨斗、大理石（燙平布料時壓鎮，還有壓線功能）、糨糊（黏糊西裝和褲子內裡）等。

當學徒一開始先觀摩師傅做衣服，還得替師傅跑腿買什物，包括布料要車布邊；幫老闆帶小孩、洗碗兼打雜，凡事都得幫忙。當時，他的同期共有三個來自南部不同地方的學徒。

陳界源學徒生涯當了三年四個月，為什麼是三年四個月？他解釋說，你要學功夫，所以老

製作西服的所需工具。

先將西服版型拼接，等客人試穿後再修改。

陳界源與豪華西服門市。

陳界源父子拍攝於新裝潢的店門口。

闆就綁約學徒三年時間，因為深恐學徒學得功夫後就走人；教學過程也是慢慢來，先教學徒做西裝褲子，學了一年半後，才開始教學做西服。西服也是學一年多，直到屆滿三年四個月，但功夫還沒學透，自己仍必須繼續練功。陳界源當學徒的時候，與店裡一個住桃園的師傅較為熟識，陳界源十八歲出師後就來桃園找他，這位師傅的哥哥開了一間西服店，他就留在西服店當師傅直到二十一歲服役。退伍後，陳界源先到中壢當師傅，一年後復回到桃園的士裝社西服店當三年師傅。當師傅以件數算工資，做一件褲子大約五十元，製作一件褲子約四個鐘頭，一天可以做三條。西裝一件兩百五十元工資，約需花費一天半的工時。

右為陳界源，左為陳又睿，於門市工作一景。

結束候鳥生涯，開啟豪華少爺紀元

結束士裝社的師傅生涯，陳界源開始接包工代工的業務。代工的性質，就是承攬西裝店的工作回家做，亦即當代的SOHO，也有另請一個學徒、六個師傅一起幫忙。他說那時候時機很好，無論是嫁娶、上班族等，都需要訂製西服，所有西裝褲子也都得訂製。手工西服沒落原因是百貨公司的成衣競爭，成衣的出現是近約十五年前，市場開始有了巨大變化。他說，現在好幾天才接到一件褲子的工作單，西裝則是一個月四、五件。西服店早期也有雇請四個師傅，市場沒落後，師傅離開就進入加工廠當成衣管理階層人員。

包工的業務持續到三十五歲結束，也就是在一九八九年，陳界源創設了豪華少爺西服。說起為什麼取名「豪華少爺西服」，陳界源笑著說，豪華少爺感覺不難聽。從少年工作至今，是否曾倦怠想轉行？他說，從沒想過。他說只要開店就能邊做西服，只要投入工作，一

力圖改造創新的豪華少爺西服店。

陳又睿已具備五年的西裝師傅的身分。

天過一天，時間真的就很好過。

豪華變身，復古英倫風登場

陳又睿（1984年生）為家中長子，原於電子產業服務，約二〇一七年辭去原本職業回家繼承豪華少爺西服店。因為自小在這個場域成長，即使從事其他職業，陳又睿對豪華少爺西服店的情感本就扎根於心的。

豪華少爺的店面是去年（2020）年才重新裝潢，陳又睿將西服店重新定位市場，進一步把英倫風帶進來，不論是店面的色調，或者衣服的風格，都是為了年輕族群而重新設定。

為了拓展傳統西服店的業務，打開不同局面的市場力，陳又睿藉由參加社團、青商會等，推廣業務與知名度。他的接單客戶包括個人與團體，團體的市場傾於平價，採薄利多銷策略。

陳又睿回來接續家業已歷近五年時間，五年內他跟從父親學習技術，從基本功夫到現在也能獨當一面完成西服的製作。至今陳界源仍堅守在工作檯上，而有陳又睿當了稱職助手，豪華少爺西服店將邁向另一條有別於成衣市場，而守護傳統手工縫製，又融入新元素的耳目一新風格西服店。

豪華少爺西服

豪華少爺西服店開設在桃園市老城區的博愛路上。

未改裝前的豪華西服。右為老闆陳界源。（照片提供／豪華少爺西服）

地址：桃園市桃園區博愛路 95 號
電話：03-3376091
營業時間：10：00～21：00

地圖 QRCODE

養親轅咖啡

祖傳五代中藥行
從賣藥郎中到療癒咖啡館

一張日治時代留下來的中藥行證照，上頭寫著「物品販賣業行商鑑札草木根皮青草藥材」，由新店發證，木製牌子承載著跨越五代的中藥家族。中藥生意從挑擔賣藥材談起，西元一九四一年，昭和十六年，市場邊上的賣藥郎中，將藥材置於籃上，將擔子挑在肩上，他是養親轅咖啡館第五代小老闆的高祖父。早期中壢老街西邊，是最熱鬧的地方，沿河而生的市場，是販售中藥材最好的地點，客人常常買點菜後，再帶點中藥材回家熬湯燉補。直到曾祖父才有了中藥行店面，定點對外開藥販售。

二〇一〇年，始重新裝潢的店面。

Jodie Ho Cafe

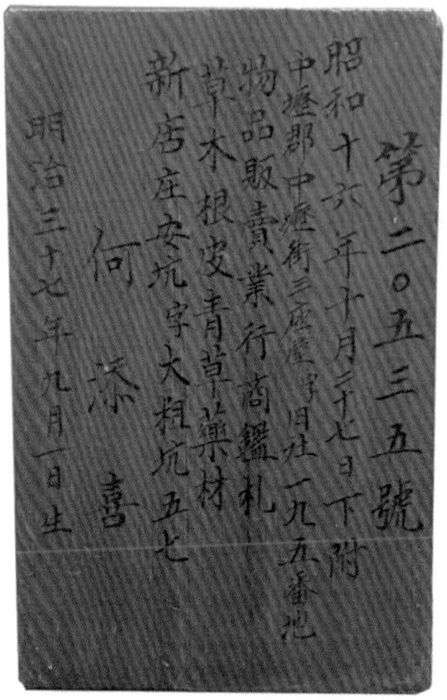

昭和十六年台北州印發的「物品販賣業行商鑑札草木根皮青草藥材」之木造證照。

記錄祖傳五代中藥行的相冊。

高祖父的記憶對四代爸爸及小老闆來說有點模糊，爸爸拿出曾祖父留下來的殘破相冊，從爸爸一歲多時相冊開始記載著中藥行的歷史。那時的照相機還不普遍，能洗出相片的相館也沒幾家，全中壢只有一家照相館，靠著姑爺在日本留學與姑婆在台中博愛醫院開業工作，才能擁有這記錄著歷經五代的相冊。

相冊裡保有第二代曾祖父留下來的藥櫃、藥桌，在中壢剛有了店面，一邊是中藥行，一邊是叔公的水電材料行，由一個大藥櫃、兩張藥桌組成的小藥店，一張桌子開藥單，一張藥桌問診、聽診、針灸，在中壢老街西邊的風光從照片中能窺知一二，市場邊上有許多的中藥材行，從曾祖父到爺爺奶奶皆與客人互動熱絡，有了一小批忠實顧客，中藥行能買到許多燉補佐料與香料，經營了好一段時間，直到一九九九年遷至現址。那可是爸爸說的：「房子蓋了，路才打通。」在中壢的城市外圍，中藥行有了新的氣象與起點。

一代換一名！「養育親恩」咖啡館的延續

從昭和時代算起，妙生中藥行走過十幾年頭，至民國四十年初，三代祖父接下賣藥家業，易名永森中藥房，又於一九九九年搬家後正式更名為「養親轅中藥房」。「轅」為堂號，乘載著「養親」精神，提醒後代需「養育親恩」，同時爸爸在題「養親」二字時，也提筆作文，將「養親」二字發展為家訓，家族歷史要代代相傳、追根溯源。每一代改店號象徵新的開始，而於二〇一六年養親轅精品咖啡專賣店的成立，保留了爸爸的題字，如同小老闆想表達的：「無論我們走進怎樣的時代潮流中，不變的是傳承。」

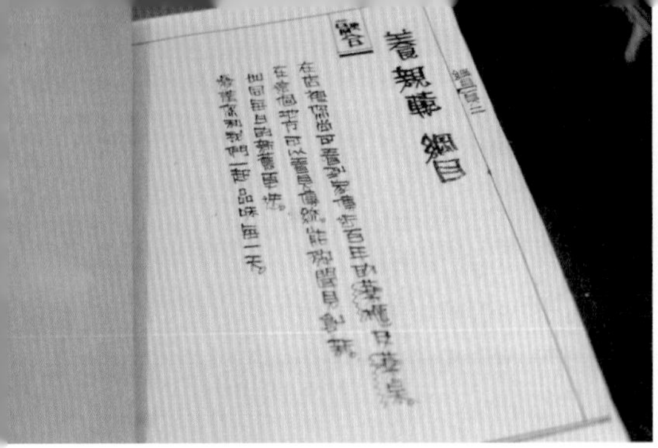

翻開養親轅的菜單，就像翻看一冊本草綱目。

將「養親」二字發展為家訓，也象徵店號新的開始。

一九八九年，爸爸早早的從祖父那裡接下中藥行的生意，祖父、曾祖父、高曾祖父皆具藥商執照，一脈相傳，中藥行接班需要基本門檻，爸爸也跟隨考取藥商執照。「中藥接班不一樣。」爸爸聊到當年舞弊風氣盛行，許多中藥店家尚未取得證照便已開業，等要考試時，有的先買通考官，有的先拿到題目準備好了。在那年代許多中藥行也不一定每家都有執照，執照取得沒那麼困難了！而爸爸對自己的中藥材深具信心，不僅積累了四代相傳的調藥經驗，每個禮拜六下午一定要到台北逛舊書攤，武昌街、牯嶺街都是他走訪的書店，熟讀四書五經，也手抄中醫傷寒經典，「養親」二字即出自《莊子》〈養生主〉一文：「為善無近名，為惡無近刑，緣督以為經，可以保身，可以全生，可以養親，可以盡年。」現今的咖啡店還能看到大大的牌照正立於房上，傳承在養親轅咖啡店上，好像是件輕而易舉的事。

簡單的拉上鐵門，店內翻天覆地了

「以前西醫是拚不過中醫的。」老老闆聊到小時的記憶，「西醫沒幾間，中藥行特別多，」和現在藥局、診所在台灣的密集度恰好相反，現代醫院增多，影響到中藥行生存，中藥行一間間倒閉，對於中藥式微，爸爸很是感嘆。有同行朋友轉做藥膳，也有許多中藥界朋友觀念較為保守，選擇歇業。而對於小老闆接手中藥行改為咖啡館，爸爸較為看好，兒女如果沒有想要開咖啡廳，那中藥館便要結束了。

一個平常的晚上，養親轅中藥行將鐵門拉下，下次再與大家見面時，是以咖啡店的樣態了！藥櫃成了放置手沖壺、漢方茶壺的檯子；搗藥桌、配藥台、大缸子、清代留下的箱子及白色搗藥器材，皆成了店內中藥行氛圍的烘托物品，沿用舊時裝潢的養親轅咖啡店，有著「又中又西的」氣息。留下祖傳的藥罐、藥櫃，因存放的物件為中藥材，具有透氣的優勢，放置咖啡物品也非常適合。古書樣的菜單本靈感來自《本草綱目》，綁書技巧傳承爸爸，每一本皆為手工綁製而成；廣口藥劑瓶盛裝小老闆沖的精品咖啡，咖啡與中藥的結合在店

留下中藥店舊有設備器材，藥櫃也成了放置手沖壺、漢方茶壺的檯子。

內處處可見。飲品開發多為小老闆發想，漢方茶品則加入了爸爸的意見，藉由觀察客人較感興趣的內容，從生活周遭出發，開發菊花枸杞茶、烏梅山楂美人茶、明目益氣茶等中藥基底的茶品。熬藥如熬茶，爸爸協助開發的茶品也成為養親轅的熱門品項。

咖啡問診！中藥和咖啡都是一種療癒的方式

社工背景的小老闆從大學時期對咖啡充滿獨特的熱情，也喜歡與人互動的感覺，當時即有「社工師的咖啡館」想法，原本只是和同學做一個小夢，沒想到多年後成為現實。「年輕人總會有一個想像中的咖啡館。」小老闆剛開始毫無頭緒的往這條路前進，透過慢慢思考、慢慢做，終於有了一個樣子出來，「做中藥的精神跟做咖啡相同。」小老闆認為這兩者皆能傳達對人的關懷，咖啡店提供的場所，能讓人與人相互交流聊天，幫助現代人紓解情緒，咖啡本身也具有許多營養素，不同的咖啡品質也有不同的影響，和藥一樣，都需要對症下藥。有的人對咖啡過敏，有可能是還沒找到適合的咖啡，精品咖啡的好處多多，從咖啡農對待種子開始，從產地到餐桌，精品咖啡的品質良好，在於每一個環節的用心，有非常多人的心血在裡頭。產區、品種的差異讓精品咖啡的香氣豐富而多樣，沖出來的味道也多元，小老闆希望讓更多人知道，推廣精品咖啡的好處。

除了精品咖啡本身的優點外，養親幬咖啡店在社區一帶更有如解憂咖啡館一般，小老闆笑著說道：「老闆是什麼樣的特質，

來到店裡的客人，手捧養親幬的菜單，如正在熟讀經書的既現代又美麗的文青。

從咖啡生產國地圖標示精品咖啡的產地與種類。

就吸引什麼樣的人。」開店這幾年發現客人會想要聊一些自己的事，好像在做一場「咖啡問診」，也許是社工背景的因素，讓這家店多了療癒身心的功用，爸爸也笑著說這是「精神上的療癒」。養親轅咖啡店也與社福單位、心理師合作，舉辦活動型講座，透過解夢、分析夢境，協助客人來一場心靈探索；針對身心障礙家庭照顧者，店內推廣「喘息咖啡」，希望緩和照顧者壓力，讓空出來的時間能夠喝一杯咖啡得到放鬆。

中藥行轉型咖啡店，客人來了緣分也來了！

在工作七、八年後察覺到爸爸想退休，將中藥行一鼓作氣改為精品咖啡店，「斷、捨、離」讓活水二次注入。

爸爸喜歡小老闆接手，讓養親轅換個方式運作，相同的是依舊關懷人、鼓勵交流，還有多點機會能與長輩聊天，學習應對的能力，對於中藥行以後不在了，爸爸也不會感到惋惜，各有的各的精彩，沒想過將中藥與咖啡結合會得到大家的關注與喜愛。開中藥行與咖啡店是兩碼子事，同樣是進入一個空間，中藥行十分鐘走人，咖啡店是兩個小時的停留，爸爸體會到新一種成就感；小老闆則感受到自我實現的快樂，在實踐的過程中瞭解中藥，也驚訝原來自己習以為常的東西別人也會喜歡。如果沒有延續與存留，爸爸的退休生活狀態會完全不同，也因為將中藥與咖啡兩者慢慢地融合，想法也逐漸增多，爸爸希望未來可以將中藥材與咖啡更密切的結合！

老老闆仍收藏很多古書與中醫藥學典籍。

店內的中藥器具也成為咖啡店氛圍的烘托物品。

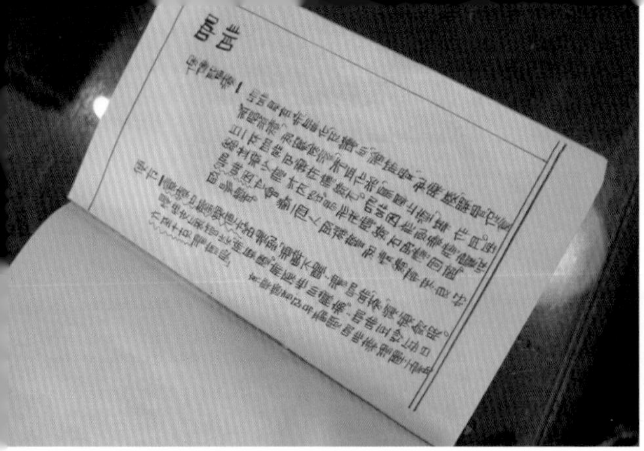

點一杯養親轅咖啡，不僅喝咖啡，還可以透過詳盡的解說，瞭解咖啡與養生醫療的關聯。

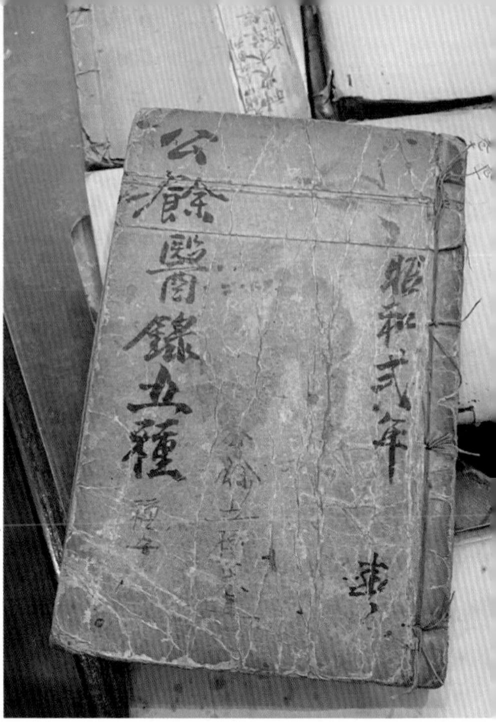

中藥行前代老闆的中藥醫學藏書。

兩人回憶起養親轅與客人的緣分，爸爸提到民國六十年代幫忙爺爺時期，遇見最遠的客人來自鶯歌，那位客人先至廟裡求神問卜，請神明推薦厲害的中藥行，而後跟著「搭火車往南」、「火車到店一公里」的指示，終於遇見養親轅中藥行。而小老闆則遇到廣東來的客人，在下飛機後透過網路隨意找到的咖啡店，結了緣分，次年又再光臨。可以說，一間店不分時代能感受到很多緣分。

從興趣開始的咖啡技藝，鑽研後協助家業轉型，小老闆不斷與老師學習、與同好交流、參加比賽、研讀咖啡知識，每年都在更新。因為疫情影響，重返社會工作，持續保持彈性、培訓能力，希望空間能繼續活用，減少營業時間後，也在這段時間中，思考著「咖啡以外還可以帶來什麼。」尋找合適的夥伴與獨特的題材，待疫情趨緩，留時間與客人講話，發揮空間與咖啡的最大優勢！

養親轃咖啡

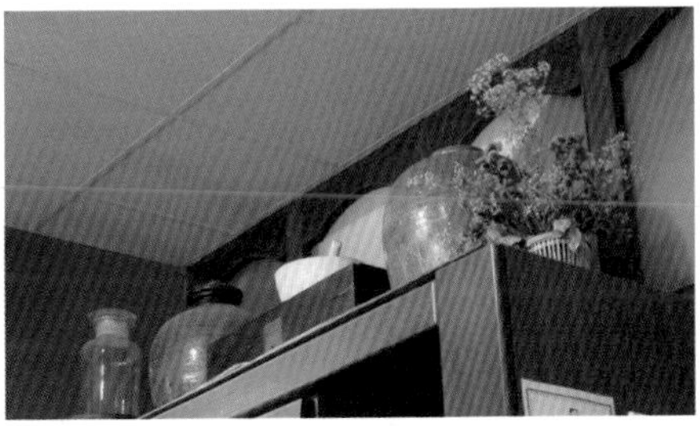

原本中藥店的器具都保留成為店內的裝潢物品之一。

過去來店的抓藥，由咖啡與茶取代，成為人與人的交流場所。

地址：桃園市中壢區環中東路二段 488 號
電話：03-4282691
營業時間：（六）、（日）14：00 ～ 19：00

地圖 QRCODE

酷庫　收藏品專賣店

收買時間的人

台中市的中區昔稱「大墩街」，早於清末街肆即已形成，主要街道分有頂街、中街、下街。這一帶匯集廟宇、米店、雜貨店、轎店、市場等，是清代商業鼎盛的市中心。一九〇三年的日治時代，增加建設如今之自由路、市府路、繼光街、綠川西街等街道。一九〇八年縱貫鐵路開通後，市區遂靠向火車站延伸發展，促使商業活動日益繁榮與興盛。[1]

1.https://reurl.cc/QLK9K9，台中市中區區公所網站，2021 年 12 月 27 日瀏覽。

酷庫 kuku 店面。

KuKu Collectibles Store

陳詠翔與酷庫。

從 Bartender 到古物商，坐擁古老寶物堆

酷庫古物店坐落在台中市自由路的巷子裡，外觀是一間普通的公寓，但如果走進一樓的店內，你會錯以為這是時光隧道的盡頭了。滿屋子的古物看似凌亂，實則亂中有序地被歸類在自己該站的位置。而讓人訝異的是，擁有古物的卻是一名不及不惑之年的青年，他是陳詠翔（英文名 Ryan，1982 年生）。

陳詠翔念的是電機科系，二〇一二年起半工半讀到服役退伍，他一直都從事酒吧的工作，從外場做起到吧檯的調酒師，現在仍持續接觸夜店經營管理事務，他後來更進一步接洽企劃活動工作。也因為本身熱愛音樂，陳詠翔於是

酷庫琳瑯滿目的古物。

令人目不暇給的酷庫。

創立了一個電子音樂品牌與企劃活動結合，活動地點可能是在夜店或者市集。目前他所做的工作有兩條軸線，一條是管理，一條則是收集古物的營運。

七年前，陳詠翔開了一家咖啡館，經營了約三年時間，當年因為朋友經營古物的生意，他的咖啡館正好有空間，朋友的古物就進到店內與空間，呈現了完美的結合，這也是打開了他從一開始對古物的無感、進而開始收集的開關。

二〇一五年，酷庫古物店開張。

從酷庫到韓步雲律師事務所，古物與古著的老派情調

酷庫的收集主要以大台中地區的歷史老物為主，初始，陳詠翔純粹基於收藏而購，他開貨車收購回來後，箇中可能有幾件他中意的，於是，便成為自己的私房古物。

陳詠翔收購古物的範圍與條件極廣泛，他印象深刻的是台鐵的倉庫古物，古物的歷史可追溯至日治時代與近代，當時以標案方式所得。在眾多古物中，他個人獨鍾老電話與老時鐘，也是橫跨日治至近代的物件。為什麼是電話？他笑著說，電話滿實用的，再則他的父親服務於電信局。他收藏鍾愛的老物件中，有一座紅色的公共電話為絕版品，是昔日電話亭的公用電話。他也熱中玻璃種類的收藏，比如醫院內的玻璃物件，如日治時代的玻璃櫃台帷幕等。而醫院的物件，也促成一樁巧合的交易，有位客人的家族，開在日治時代的木造屋診所，正好缺少家具擺設，由此機緣找到陳詠翔，使得客人的診所重現往日光景。

昔日醫院櫃台的玻璃窗帷幕。

展示在飯店櫥窗的陳詠翔收集的老電話機。

透過慢慢收集古物，陳詠翔才真正認識古物的本質，以及如何鑑別古物歷史、古物的價值。從最初的摸索，買進一些普通有趣的物件入手，但他並不懂其價值性，日後透過交易才逐漸認識每一件古物值得的價格。目前他的銷售管道，以網路與市集展售為主。酷庫的顧客從年輕人到老年人都有，也有收藏家或拍攝戲劇的單位租買古物道具，還有設計師。

陳詠翔收購古物的訣竅，以觀察老屋的角度切入，尤以日治時代或於前的老屋，當屋主要棄屋改建時，屋子內的古物主人使用不到的就會釋出，而他並非僅限於收購台中地區，幾乎全台跑透透，他也曾

陳詠翔與他收藏而鍾愛的鐘。

自苗栗收回日治時代編織藺草帽的木製模型，以及編織藺草帽行號的資料本，還有客庄紅磚或陶製的茶倉等。

二〇一八年，陳詠翔的酷庫古物與友人的古著結合，在民族路上的韓步雲律師事務所展店，於是古物有了故事的續集可以傳說。韓步雲律師事務所木造建築，據傳建造於日治時代，一九五五年韓步雲律師在此開業。[1] 事務所的招牌並未被拆下，陳詠翔保留下這幢老屋給這座城市的記憶，成為一家由外而內皆散發老派情調與氣味的店。

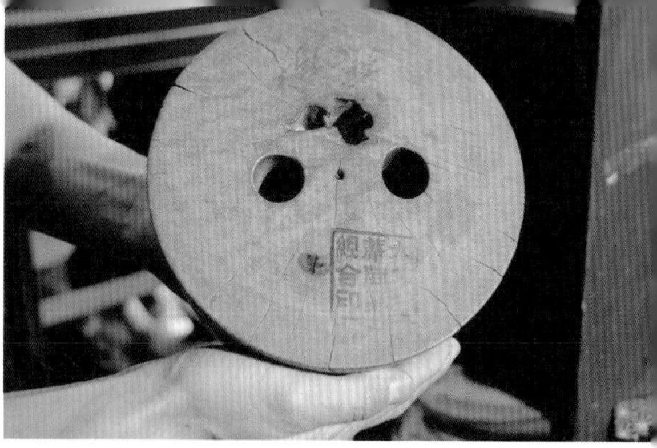
大甲藺草帽模型。

客庄陶製與磚製的茶倉。

韓步雲律師事務所木造建築現貌。

1. https://smiletaiwan.cw.com.tw/article/1711 ，微笑台灣網站，2021 年 12 月 27 日瀏覽。

酷庫 KuKu

電信類古物是鍾愛的收藏品之一。

經過時間淘洗的孔雀椅。

地圖 QRCODE

地址：台中市中區自由路二段 35 巷 3 號
營業時間（參考臉書）：https://reurl.cc/n1G6MD
電話預約 : 0928900255

韓步雲律師事務所.古物.古著店

古物與古著結合的韓步雲律師事務所。

地圖 QRCODE

地址： 台中市中區民族路 70 號
營業時間（參考臉書）：https://reurl.cc/n1G6MD
電話： 0928900255

施美玉名香

香火裊繞百年

「一府二鹿三艋舺」幾乎是眾人皆知的台灣三大古城，箇中的二鹿即今日的鹿港。鹿港地名來源據有四種說法：一是早年這一帶鹿群遍布，故稱；二是源於平埔族語 Kokau-an 的轉譯而得；三是此地地形像鹿；四是此地早期是米穀的集散地，因此會存放米糧的方形倉像鹿而稱之。鹿港因為地理位置而發展成貿易港口，深具通商的良好條件，自然匯集來自他方雜沓的移民，因而帶來繁榮之外，也帶來各自家鄉的飲食與文化。

施美玉名香日光曬香中。

Shimeiyu Incense Sticks

施炯鏞與曝曬的香。

香火傳世，施美玉名香裊繞百年

耳熟能詳的羅大佑〈鹿港小鎮〉歌曲唱著，「媽祖廟後面賣著香火的小雜貨店」，在在透露出鹿港廟宇鼎盛的香火。而就在約莫半世紀前，有一間傳承逾兩百年的老香店就屹立於此，這家香店就是施美玉名香店。

施美玉名香最早創設於清乾隆三十九年（1774）中國福建石獅市，第一代創始者為施智亭先生。乍看施美玉三個字，極可能誤認是創造者之名，實則不然。原來其意取自美的完美無瑕，玉的吉祥與隨身攜帶之物，二者結合而成。當年施智亭的創意，原來是為了追求對香的高品質。爾後，由第二代施悃誠先生渡海至台，於鹿港街肆開天闢地設立分店，傳承至今已逾兩百年的歷史。

根據第七代傳人施炯鏞（1955 年生）口述，在二戰前後，他第五代的爺爺施奕周，利用石臼搗碎木料以刻苦的方式製香；也用苦力方式將整牛車的香拉趕到新竹城隍廟大廟埕販售，之後在新復珍老餅店寄售，是台灣最早流動的名香品牌；日治末期太平戰爭爆發，許多台灣男人被日本政府徵召下南洋去充當軍伕，彼時，每天早上的八點到九點之間，在飛機空襲之前，大家紛紛湧至施美玉名香店前，爭恐地搶買香，為的是祈福遠方的親屬平安與安定心靈。而施奕周將收入

在庭院的香，若日照充足約需一天的曝曬時間後，再進行乾燥程序。

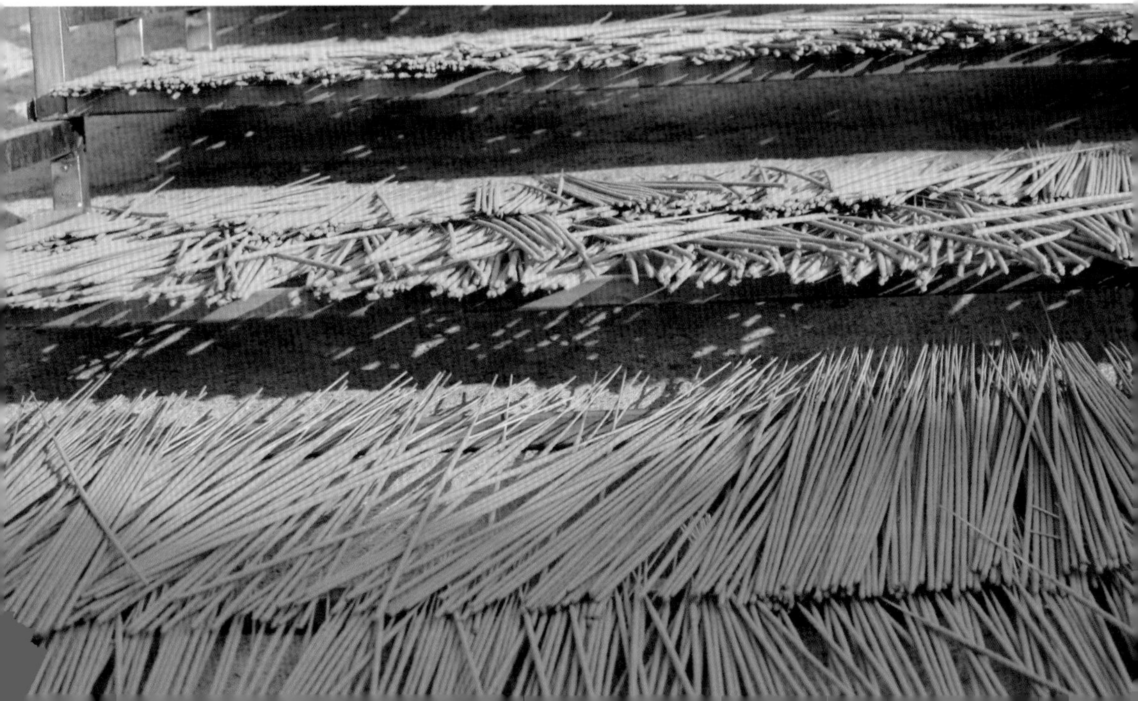

的紙鈔用布袋裝著，在空襲之前紛逃至鄉下去避難，於這時期，一夕致富的他繼而購買田地。

施炯鏞說，第六代的父親施起桂（1920～1995）原本無意繼承製香家業，遂於福鹿溪畔買地設廠，想要發展具未來性的飼料事業，無奈時運不濟，一場八七水災沖垮了他的事業大夢，導致財產歸零。一九六〇年代，施起桂只好租屋回歸製香的行業，一九七一年因家族分產，祖厝也出售後，施起桂經由施炯鏞的舅舅介紹，於現在製香的員林鎮現址購地，另起爐灶。一九六〇至七〇年代，正是台灣經濟起飛時機，一張大訂單從美國飛來，訂購大量的線香與塔香（即香氛，約二十公分長）。當年就讀初中的施炯鏞常常幫忙加工，他印象最深刻的經驗是，將香品置放五金行購來的二手木箱內，再用草繩綑綁打包。

原來施炯鏞也無意走父親的路，大學就讀國貿系的他畢業服役後，即進入一家印染的紡織公司，但不忍看著父親時常帶著樣品搭火車到處奔波，兩年後他回家告訴父親買車，他開車當司機父親當業務員，從此他也一腳踏入家族的老行業中，一方面也減輕父親的負擔。

與佛結緣，開啟施美玉名香新世紀

施美玉名香開發的香品種類繁多，有立香、盤香、臥香、塔香、環香，採用沉香、檀香、料香等材料製成。一九八一年，施烱鏞自行研發立香製香機，解決了傳統手工師傅缺工問題。目前製香原料全部進口，早年台灣還有製作香腳（現在皆來自中國以毛竹和茶竹製造

香枝沾水。

掄香中挑出不良香枝。

香品進行秤重。

將製好的香進行最後包裝作業。

施美玉名香標榜著「本色香」口碑。

包裝的紙箱外觀，印著百年老店字樣。

的）、黏粉（用楠木的樹皮製造）、楓樹脂，但近些年也必須進口才可得。沉香採用含油脂沉香木製造，但台灣大約在清朝時期就不見沉香木了。十餘年前，施炯鏞到廈門參加香展，正好看見絕跡已久的香港沉香真面目，當時對方告訴他，那沉香來自香港，因為建造赤鱲角機場時挖到的，而香港就是因為當初產沉香而得名。當下，施炯鏞就把五公斤的沉香買回來。而沉香與檀香的相異之處為何？他補充說，沉香大都是天然野生，而檀香大概二十年到五十年以上才能採伐。

一九八七年，施炯鏞上台北發現了與佛教相關的香品賣的都是好香，他頓時覺悟，這就是我要做的香啊！那時候台灣很多師父在弘法，施炯鏞開始接觸佛法也買了錄音帶，出差時在車上播放著聽。一九八〇至九〇年代，佛教弘法鼎盛，學佛的年輕人湧現，佛教用品也因而興盛。他跑業務接觸到佛教香品，回家告訴哥哥施振錕說，必須要雇請業務跑佛教市場，因為靠他一個人做不完，但幾經商量後還是決定自己做，直到現在，施美玉名香的商品大增至百種，例如立香，就分有多種尺寸。佛教使用的香與傳統的香不同，其用香重質，例如早年的環香可能點燃就是八小時，但佛教使用的盤香約二至四小時；還有禪寺使用的臥香等，皆以沉香為主要原料。施炯鏞自從接觸佛教相關商品後，他很清楚自己該做的香，使用何種原料，朝向追求的品質去研究開發。他預設沉香的使用量達到一定程度後，自己就得出國去找尋貨源了。一九八〇年代以後，他拾起行囊直接到新加坡等東南亞國家去採購沉香材料。

環保意識是本源，從台灣走向世界

施炯鏞表示，一開始的商品並不似現在種類多樣，且今日製造的香，以環保首選，依據製香經驗，施美玉名香致力推廣天然原色、原味的香品，進而註冊「本色香」商標。施炯鏞提及早年北部多使用黑色的香，客家族群多使用紅色的香，南部則使用黃色的香，這些

手工製作名香的材料。

香都添加了工業色素，因此，萌生他進一步改良的念頭。如今，傳統香還是有需求，但比例占少數，已經被環保的原色香所取代。

在施炯鏞就讀小學時候，當時鹿港老店還在，員林客運的董事長親自到店裡買香，據說他本人非常重視香的品質，因此親自登門挑選。十幾年前，施炯鏞曾到中國廈門參展，那時宗教呈開放，有一對夫婦從河南來，看見施美玉名香喜出望外，原來他們早在香港買過，帶回去家鄉販售，價格雖然不斐，但深受喜愛，結果，至今成為長期客戶。

施美玉名香

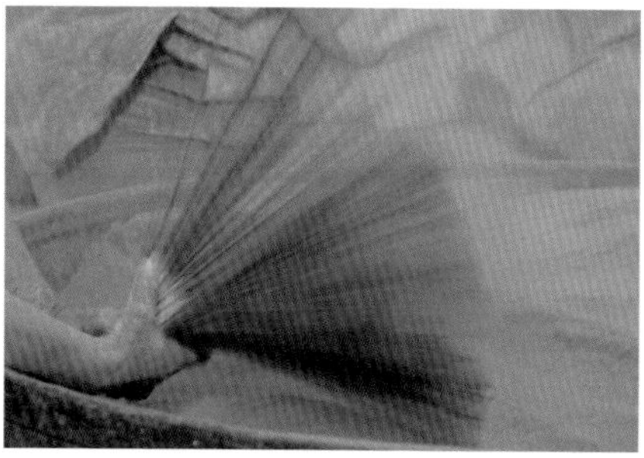

施美玉名香的手工製香。

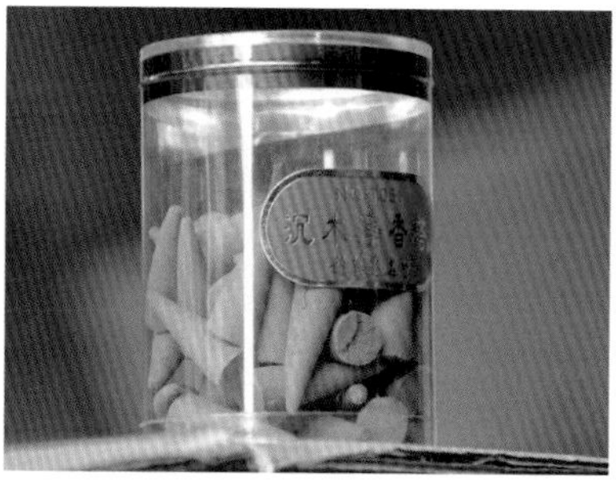

施美玉名香沉木淨香塔。

地圖 QRCODE

地址：彰化縣員林市大饒路 897 巷 23 號
電話： 04-8321334
營業時間： 星期日～星期六，09：00 ～ 17：00
（附註：施美玉名香為製香公司，拜訪前可先洽詢）

已兩百多年歷史的施美玉名香，於今以批發與出口為主，它的香火也堪稱為台灣之「香」。

源泉文具行

一間說不完故事的小屋

源泉村與合興村毗鄰，位於兩村的源泉火車站地理劃分隸屬合興村，是集集線其中一站，為一無站務人員駐點的火車站。一九一九年，集集支線最初始的建築，原為水力發電興建水庫而成就的運輸鐵路，後於一九二一年完工，一九二二年開始辦理客運業務。一九二七年（昭和二年），由鐵道部收購為局有路線，同年，建造了第一代的木造站房，當時全線設有鼻子頭（今源泉）等站；一九六二年，改稱源泉站，為一簡易站，由二水站管理；一九七九年，降為招呼站。源泉村因其地理位置在八卦山山麓的起點，山峰有如龍頭的「鼻仔頭」，故地名因而興起。

一間有故事可聽與說的老屋。

Yuan Cyuan Story Hub

源泉文具行的老闆娘鄭素月，人們口中的鄭媽媽。（照片提供 / 賴昭旭）

一座用仁慈建築的城堡

坐落在源泉村員集路旁的這間低矮瓦房，外觀看起來不起眼，然而，透過源泉社區的全體合作，已賦予小屋第二生命。

源泉文具行究竟有何吸引力？它又是如何在湍急時代潮浪中，被在地人捲起袖子，重新打造成一間可以聚會敘說生活點滴，及讓村民歇息的故事小屋？這得由社區發展協會的前理事長賴昭旭，一字一句告訴我們關於源泉文具行的前世今生。

十年前，源泉文具行老闆娘鄭素月（村人暱稱鄭媽媽）遽逝，老屋的故事霎時畫下休止符，十年後，賴昭旭返鄉，重新打開源泉文具行的門，除了保留原店名外，另外取名「源泉故事屋」，其旨在讓源泉文具行的故事繼續流傳。源泉文具行對當地人為何如此重要？主要是鄭素月為人的無私奉獻精神令人感佩。

源泉文具行的老屋約莫建於一九六三年，後於一九七一年坍塌遂做二次翻修。這塊建地的來歷也充滿傳奇，據說一大片的土地原屬於平埔族人，當年由源泉村的鄭姓族人向內山平埔族人購得部分土地，因此，目前源泉文具店的周遭許多土地的所有者仍歸屬平埔族人。賴昭旭於五年前曾遇見來自水里鄉的平埔族人，帶著祖先的地契屆此欲收地租，但其目的事實上僅為探看族人的土地而已。

員集路的源泉文具行附近兩排都是低矮的屋宇，屋群的建築主要以省料、簡單的方式搭建，似乎不打算久居，究其原因，原來這一帶的建屋者，都是來自四方討生活的車埕伐木工，他們每日搭乘集集線火車上下工。

源泉文具行開設於一九七二年，由居住在合興村的鄭素月向地主租用。當年鄭素月選址在此開立文具行，主要是為了附近二水國中與源泉國小的學子們。物質貧瘠的年代，本地居民家中的小孩需要文具用品，都得赴二水甚至更遠的地方採買，鄭素月見此艱難情況，興起她開文具行的念頭，服務村人。她每天早起開店，直到晚上十點打烊，幾乎全年無休，數十年如一日。賴昭旭回憶自己一九八〇年代就讀小學時，每天早上上學的第一件事，就是到此報到，因為源泉文具行除了販售文具外，也販售小孩子最愛的零食。鄭素月特別關照家境困難的小孩，他們購買文具是完全不收費的，如果念書念得好，她也會贈送文具給予獎勵。在許多就讀過源泉國小孩童的童年中，源泉文具行宛如觸手可摸的天堂，成為日後不可磨滅的印記。

自己的故事自己寫

十八年前，原本於外地從事建築業的賴昭旭，因父母緣故返回土生土長的源泉村，他偶爾來源泉文具行舊地重遊，與鄭素月敘舊，賴昭旭連兒時曾在源泉文具店偷竊小物的回憶，

源泉故事屋。前社區發展協會理事長賴昭旭（左），不老店長莊淑雅（中），店長陳佳瑞。

都彷如昨日般清晰。返回故里後，他眼下的源泉村已非昔日光景，人口的流失是最顯著的風景，連過往車流頻繁的員集路，也因外環道路開闢後漸漸沉默、寂寥。於是，他開始默默進行故鄉的田野調查。

當鄭素月倒下撒手人世，源泉文具行自此沉寂十年。這十年間，賴昭旭常在臉書上記錄故鄉的大小事，許多離鄉的人關注了源泉文具行的動向，紛紛表達在此的童年回憶。八年前，賴昭旭承接社區理事長職位後，他一直有個重新打開文具行的心願。經過了多年努力，博得原地主後代的認同，並且願意無償供予社區使用，這是一個美好的開始。獲得善意回應後，賴昭旭以其建築專業，與團隊展開老屋重修的行動，包括為原本泥土的地面鋪上水泥；屋頂停產的泥瓦又在竹山找到

故事店常與藝術家合作展覽。此為藝術家創作的海龜陶瓷作品。

源泉故事店的屋頂原始建築結構。

廠商，佛心的重新開模製作；屋頂竹子的屋梁，屋主傳說是阿公自彰化八卦山購得的；種種老屋子精彩的歷史，更使社區堅定決心打造一間說故事的店。

二〇二〇年，源泉文具行的大門真的重新打開了。打開大門的文具行店內，許多書架仍完好，文具仍陳列於上，彷彿這間店仍營業著，主人只是暫時遠行。賴昭旭開始廣招志工，在補助款尚無著落之際，大夥群策群力，慢慢往理想邁進。是年，賴昭旭舉辦了一場源泉文具行二手市集，引起廣大迴響，許多遊子紛紛返鄉共襄盛舉，繼續共寫文具行的記憶續集。

林先生廟祭祀的林先生，是開創八堡圳的古代消波塊「籠仔篙」的創始人。

學生帽與書包，是早年源泉文具行販售的商品。

銀髮族與小農的作伴與成長

如果你在源泉村員集路的一間老屋門口，看見源泉文具行的招牌，以及擺設的「籠仔篙」（石笱），此即社區的源泉故事屋。籠仔篙意象也傳達了務農為主的源泉村，與八堡圳的共生歷史與飲水思源之連結，二者有著不可解的淵源。據傳三百年前，水流湍急的濁水溪阻礙築圳工程，正好有一位林姓老翁騎著水牛路過，他教會村民們如何運用竹材綑綁製作成巨大的三角錐體，也就是二水鄉民口中的「籠仔篙」，運用牛車拖載

源泉故事店隨處或擺或吊籠仔篙，這是出自本地耆老們手中的特產。

在地小農的農產。

Hub，是故事的樞紐。

到引水圳道，在河床撿拾石塊投入籠仔篙，固定兩邊河岸，即成為現代消波塊的原型[1]。籠仔篙停用於民國七十年代，社區為搶救保存此古老技藝，於六年前請老師傳教導村民製作，復興保留下此珍貴的文化。

直到今日，許多返鄉青農也投身於友善農業，源泉故事屋即成為青農們的訊息交流站。也因此，故事屋的英文「story hub」的hub，就是一個樞紐角色的意涵。故事屋也成為小農們銷售農產的平台，推廣源泉在地特產。每個小農揹著對故鄉的熱情，鑄造出一個個看似平凡其實不凡的土地故事。目前，在地農產有芭樂、檸檬、火龍果、香蕉等作物，還有二級加工的產品，以及手工製作的二八水麵線等，琳瑯滿目。

本日不老店長莊淑雅。

社區每日輪流一位不老店長，為顧客服務。

台灣諸多社區都有老人福利的補助，但賴昭旭針對長輩們的角色從不同的面向思索：他們還能做什麼？人都會年老，但不能失去對生活的自信，於是，他決定幫助銀髮族找回面對衰老的生存活力，重拾生活的價值，源泉故事屋的一日不老店長於焉誕生。在故事屋，你可以看見銀髮族的熱情與笑容，當他們開口說出從前生活的甘苦涓滴，故事於是有了老青交集後的幸福面貌，承先與啟後的源泉村都精彩可期，源泉故事屋發展也將永續。

源泉文具行/源泉故事屋

在地小農手作商品。

故事小店是小農的產品集散平台。

地圖 QRCODE

地址： 彰化縣二水鄉員集路二段 259 號
電話： 04-8798311
營業時間： 星期一至星期日，09：30 ～ 17：30

1. https://www.newsmarket.com.tw/blog/161079/ ，2022 年 3 月 31 日瀏覽。

金茂利

在土庫邂逅鐘錶與咖啡

位於北港與虎尾之間的土庫小鎮，其歷史由來已久。土庫地名有各種考證，據說土庫是通往鹿港、北港等地的孔道，也因出產麻油、土豆油、醬油等產品，當地居民建造許多土造穀倉而得名；另有一說是由平埔族語音地名 TUKU 的拼音而來；還有此地每遇下雨天泥濘沒脛，旅客沾得滿衣褲腳，就像穿著塗褲（台語是土庫），因此台語諧音即用「塗褲莊」作為地名。

老屋新生的金茂利鐘錶。

Yjm Watch Cafe

金茂利有味道的老店招牌。

不得志只是一時，好手藝小鎮闖出頭

自史料讀得土庫歷史沿革，以及土庫街衢的古老，始知這座小鎮之悠久。在這座小鎮裡，第一家鐘錶店金茂利於焉創設，目前由第二代的媳婦蔡麗卿（1961 年生），以及第三代的丁建甫（1987 年生）與的丁汀芳（1989 年生），三人合力經營。

矗立在街聲喧嚷的鎮中心，金茂利鐘錶店店面外觀古樸，然而，店內明亮的陳設與老街形成了強烈的對比。蔡麗卿語氣悠緩的陳述開設於一九四八年的土庫第一家鐘錶店，創店人是他公公丁國峰（1926～2001），據說丁國峰十餘歲從中國福州來台灣嘉義，尋訪經營鐘錶生意的叔叔學習修理鐘錶技術，也

蔡麗卿（中）、丁建甫（左）、丁汀芳（右），合影於金茂利店門口。

金茂利鐘錶創店人丁國峰（1926～2001）。（照片提供 / 金茂利）

曾赴台中機場修理飛機。由於丁國峰的父親曾在虎尾糖廠工作，丁國峰也在虎尾鎮上經營古董生意，結果被店員捲款逃逸。後來他又做了西藥房生意，結識了一群住土庫的好朋友，他們便介紹他來土庫經營鐘錶生意。傳說最早在白雪理髮廳騎樓下一隅分租，只有一張修理鐘錶的桌子，也到客人家中做維修發條掛鐘的服務。爾後，他在街上輾轉換過三間店，當時的租屋沒立契約，只要房東要討回房子就必須搬離，丁國峰奮鬥十年，才買下現址的土地蓋房子。早期，他販賣的都是上發條的機械錶，鐘錶的小零件自己製作，批貨都在嘉義，等到第二代丁順慶（1960～2015）於此誕生，成年後繼承金茂利時，業務大部分已轉移來自台中和台南，但仍以台中為大宗。

丁順慶全家福照。（照片提供 / 金茂利）

丁順慶與蔡麗卿的結婚照。（照片提供 / 金茂利）

一九八六年，丁順慶與蔡麗卿結婚，丁順慶婚前就一直跟著父親丁國峰工作。蔡麗卿轉述說，金茂利全盛時期也曾招收許多學徒，當時鎮上陸續有六、七家鐘錶店，其中有兩間是公公的學徒開設的。直到今日，鐘錶店都紛紛轉行，僅剩金茂利堅持著這項手工業。丁順慶一九九〇年接手鐘錶店後，也開發了眼鏡的產品。直到二〇一六年，丁建甫與丁汀芳兄妹返鄉接續金茂利事業，也打造了金茂利的不同環境與風格，重啟金茂利的新紀元時代。

正在維修鐘錶的丁建甫。

丁順慶的工作台。

店內的上發條的老掛鐘。

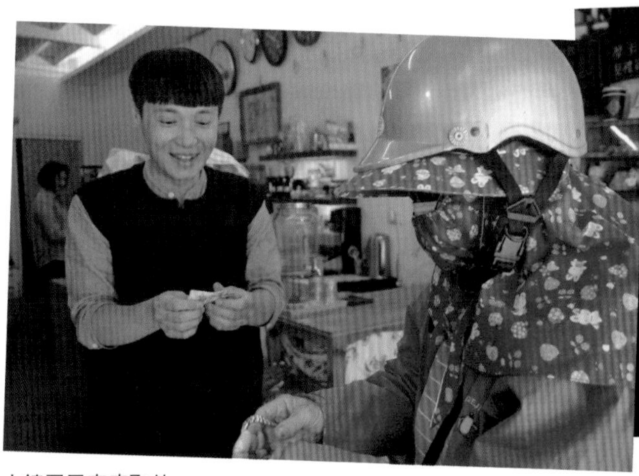

小鎮居民來店取件。

最壞的時光，就是最好的轉機

丁建甫大學念的是財務金融系，曾從事保險與餐飲等行業。二〇一五年，因家庭發生變故即返鄉幫忙，剛開始對鐘錶也僅懂皮毛，如更換電池等小技術，後來為了繼續家業，特地北返去找鐘錶老師學習技術，陸續上了一年半時間的課程，取得鐘錶公會發的機械錶技術證照。丁建甫為了讓這項手工行業精進，他也遠至基隆的精品錶店當學徒，修習勞力士等高階名錶的維修技術與銷售。目前，土庫地區的客群多以農民與上班族為主，剛回到金茂利承接業務，他發現配戴手錶的人並不多，也因為3C產品的便利與取代性，但直到這兩年，發現年輕人又回復戴錶的習慣，且是小型的手鍊錶，而且是阿嬤年代的復古味道的手錶。

目前還是有在地人購買鏡鐘的習俗，通常用於新居落成。丁建甫回憶道，大概是丁順慶經營的那段時間賣得最好，當時建案很多，營建商房子建好後，多半會贈送鏡鐘。也因此，丁順慶的毛筆字練寫得非常好，常用紅墨幫客人寫上「新居落成」、「當選里長」等字樣。現在上門顧客，多半會回顧金茂利的往事，常常講述了丁國峰與丁順慶時代二三事，讓丁建甫得以一飽耳福，也能了解阿公和父親那一代豐富的生命故事。丁建甫最初返鄉時不大習慣鎮民的作息，每天清早早市與門市都在七、八點就開店營業，比較起都市晚營業的時間，形成強烈的對照。有時候務農的阿公們很可愛，一大早下田去，如果要修理手錶的人，七點半就坐在門口等開門了。

在經營這些時日後，丁建甫表明對市場並沒有太大的遠見，他針對興趣另外學習了木工、金工等手工藝，嘗試看自己是否適宜而去碰撞產生火花。就他所知，早年鐘錶也與金工結合，所以這也是可能的選項。

從選豆、烘豆，到一杯咖啡上桌，丁汀芳沖煮出自己味道的咖啡。丁汀芳正專注手沖咖啡。

店內一側是鐘錶櫃位與掛鐘，另一側則是咖啡飄香。

老店的味道，就讓咖啡香延續

金茂利鐘錶後來最大的轉變，應該就是咖啡的進駐了。本身學習生物科技的丁汀芳，畢業後進入職場，所從事的是與植物研究相關的工作，以蘭花檢測為主業，還有研究稻米。因為檢測的工作是傾向封閉而少交流的性質，丁汀芳後來於台中轉戰咖啡飲食產業。二〇一三年，她自咖啡館離職飛往澳洲墨爾本，過了一年的度假打工生活，當時就是為了咖啡而去這座咖啡之都。

二〇一五年，丁汀芳返鄉，二〇一六年，她與丁建甫將金茂利重新規劃，成為一個鐘錶與咖啡結合的空間。然而開咖啡館的種子在她於台中咖啡館工作時早已萌芽，每回休假回來，她就會從咖啡館帶一杯咖啡回來給父親品嚐。

她衷心希望，可以讓家人喝到憑自己手藝而煮的咖啡。開設金茂利咖啡館，一開始是與一位斜槓的紀錄片導演李孟哲（於2018年病逝）兼烘豆合作將近兩年，然而，後來李孟哲因為身體出狀況而無法供應咖啡豆，丁汀芳後來與烘豆師的前輩們交流請益，自己閱讀摸索，二〇一八年開始，咖啡店從選豆、烘焙，到一杯咖啡上桌，她完成了屬於自己的咖啡味道。

當時開咖啡館，丁汀芳傾聽各界的聲音，有些阿公阿嬤規勸她，做這個太複雜。當下她完全無法理解「複雜」的定義。後來有位北返的客人與她聊起咖啡的文化，才知道阿公阿嬤的複雜，指的是早年進出「有顏色」的喫茶文化場所，這是她覺得非常有意思的地方。剛開始經營的第一年，十分煎熬，她與哥哥甚至懷疑鎮上只有他們兩個年輕人，一年過去後，他們慢慢遇見一些返鄉年輕人，還有老同學們，才知道這個老鎮其實並未凋零或被遺忘。

二〇一六年配合雲林縣政府的老屋修繕計畫，土庫鎮也被劃入區域。而金茂利建於四、五十年前，其為洗石子的立面，正好符合政府計畫，也因此納入修繕的行列。

金茂利鐘錶咖啡正好位在土庫鎮的商業中心，而這個古老的小鎮仍保留住許多傳統，尤其飲食。金茂利的店招仍沿用昔日的手繪老看板，如果看慣了現代招牌的人，你要找到金茂利並不難，因為你一眼就可以看見——「金茂利鐘錶眼鏡」帶有歲月斑痕與樸素之美的招牌。

金茂利鐘錶 / 咖啡

鐘錶櫃台前全家福合影。

老鐘雖無法讓時間停止，
但仍可讓記憶長駐。

地圖 QRCODE

地址： 雲林縣土庫鎮中正路 133 號
電話： 05-6622508
營業時間： 09：00 ～ 19：00（星期一公休）

七星藥局

民雄第一街三代藥師的故事

日光普照，躋身市集一隅、舊裡藏新的七星藥局，令人絕難想像，它已屹立於此逾一甲子歲月。挨著知名民雄鵝肉商店街與火車站，七星藥局坐落於中樂路這頭，往下走，穿越傳統市場，銜接上大士爺廟彼端，這裡是民雄最早的街肆，俗稱頂街。七星藥局究竟有何魅力，得以讓媒體爭相報導它的三代故事？坐在窗明几淨的落地窗前，第二代店主吳嘉文與第三代吳至鎧，懇切地滔述七星藥局的來時與未來之路。

七星藥局外觀

Tshit Tshenn Cafe

反骨吳進背對貧苦，正面迎向美好年代

吳進先生（1934～1994），七星藥局的創始人，兒子吳嘉文（1959年生），正好趕上七星藥局創設元年的美好年代，也是七星藥局的第二代傳承者。吳嘉文回望家族過往，早年務農的吳家生活非常困苦，祖厝位在民雄鄉中樂村的保安宮騎虎王廟（騎虎王，此地原稱南路厝庄）[1]隔壁，是由吳進的父親掌管生計的大家族，家族耕種貧瘠田地種植甘蔗，收入十分微薄。生長在窮困家庭的吳進，很小就立定要打拚賺錢擺脫貧窮，小學畢業的第三年，就去市場的藥局門口擺攤販售小文具跟冰棒，據說他從小就有

吳進先生（1934～1994），七星藥局創始人。（照片提供／七星藥局）

1.《臺灣地名辭書 卷八 嘉義縣（上）》，出版日期九十七年十二月，出版：國史館臺灣文獻館，頁380。

生意頭腦，所得都交予掌理家計的父親；吳進也勇於挑戰現實，孤身離開民雄遠赴台北闖蕩下天。

吳嘉文（右）與吳至鎧（左），拍攝於七星藥局櫃台內。

顧店的吳賴秀雪（吳進之妻）。（照片提供／七星藥局）

吳進透過民雄街上建新旅社的老闆介紹，前往在台北松山市場擺攤賣雞肉的親戚那裡，販賣北送的嘉義雞。吳進初到大城市，人生地不熟，身上帶的錢不夠，還好路程中一對老夫婦看他年幼，伸出援手，吳進才能順利抵達松山市場。當年七星醫院位在松山車站後面的饒河街上，市場賣雞肉的老闆是嘉義縣溪口鄉人，吳進工作一段時間後，老闆告訴吳進跟著他賣雞肉不會有出路，於是轉介他去七星醫院上班。也因為這段機緣，吳進從此步上人生的另一條道路。

早年醫院只有醫生、護士與包辦雜務的助手（藥局生），吳進就從助手工作做起。饒河街緊臨基隆河，醫生要出診，吳進就踩著三輪車陪醫生渡河到對岸看病，他是車夫也是助手。談起七星醫院可是名氣響亮，醫生是台灣十大名醫的張媽興。吳進跟從張媽興工作，退伍後照舊返回七星醫院學習，此時，吳進萌生強烈的創業之心，儘管張媽興慰留吳進繼續跟著他工作，然而吳進還是謝辭了老東家。二十四歲的吳進省吃儉用，攢存了五千元，懷著創業初心返鄉了。

七星藥局還不是七星藥局的時候，民生路上的一間布莊看上吳進的醫藥專業，於是雙方合夥，布莊提供地點給吳進開設西藥房。但不及一年，他們鼓勵吳進自行創業。當年購藥方式有二種形式，一是自行到藥局或西藥房購買，另一就是寄藥包[2]（此為日本沿襲下來的制度），寄藥包係將藥品分裝後，再由業務代表配送到偏村去。

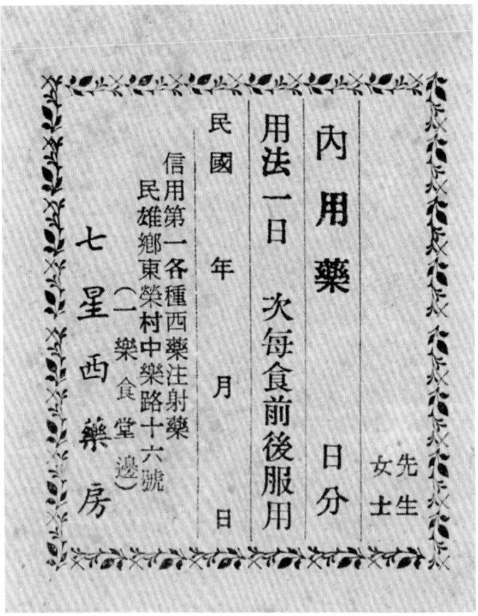

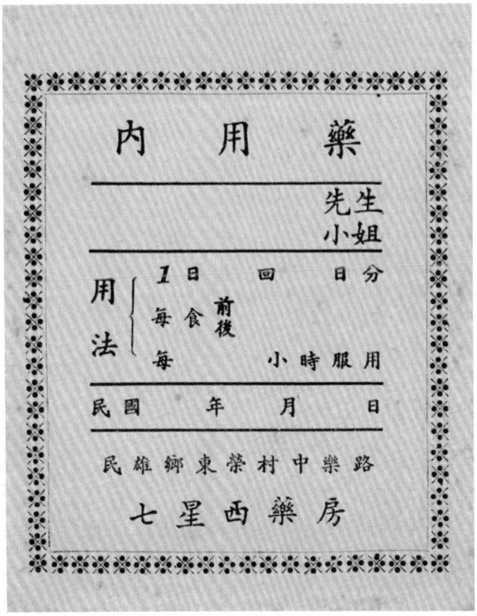

復刻七星藥局古早的藥包，成為咖啡包裝袋。

2. https://udn.com/news/story/7326/5374027，2021 年 11 月 27 日瀏覽。

神氣之地，成就七星藥局

吳進離開民生路後，一九五八年，就在今日七星藥局後面的一樂酒家旁，租屋創立第一家藥店，店名取為「大榮藥房」。不久，吳進結婚後就跟農會借貸，買下現在的七星藥局的土地，開始建築他的藥房。這塊建地本是媽祖宮廟舊址，一九〇六年梅山大地震，媽祖宮倒塌，媽祖婆被請到大士爺廟後殿暫供，後來這塊廟地轉而成為民居用地。當時吳進的積蓄少，跟農會貸款是一樁高風險的舉動，但他儼然胸有成竹。現在七星藥局係於一九五九年動工，一九六〇年完工，據說這條路商業活動非常鬧熱，藥局常營業到半夜。吳進一家四口，當年就擠在這幢屋

早期的七星西藥房招牌。（照片提供／七星藥局）

中期的七星西藥房招牌。（照片提供／七星藥局）

新生代七星藥局的洗石子立面。

子裡生活，一樓是店面兼廚房，二樓為住家（2001年，七星藥局首次整修腐朽的屋頂，更建為RC材質）。吳進為了感念栽培他的七星醫院，就將藥局命名為「七星」。大榮藥房結束，七星藥局登場。第二代傳人吳嘉文，嘉南藥專畢業後，一九八二年繼承吳進的家業，與夫人楊玉華攜手經營，西藥房更名為「七星藥局」。二〇一九年以後，兒子吳至鎧返鄉，共同書寫七星藥局的歷史續集。

吳嘉文（右）與吳至鎧（左），拍攝於藥局店門口。

父子聯手經營，共寫七星續集

吳至鎧（1991年生），畢業於高雄醫學大學，二〇一九年以前，於外地工作數年後返鄉，正值吳嘉文即將改造七星藥局的門面與內部格局、陳設。吳至鎧投入七星藥局的經營，首先調整藥局商品以日本藥品為主，因為日本藥品的品質穩定，價格無從削價惡性競爭。他以營業角度重新思索藥局的定位，面對民雄鄉充斥三十多家藥局，該如何吸引高齡長者與年輕人的市占率，凸顯藥局的獨特性為至要。吳至鎧在外的工作經驗與磨練是階段性的，他言明藥局的處方與醫院彼此是競爭的，所以，要如何取得顧客對藥局配方的信任，主要取決於藥局的社區型態屬性，因此適性的用藥諮詢成為讓顧客安心的關鍵。

改造藥局有特別的涵意嗎？吳至鎧表示，純粹是為了在其間工作讓自己心情愉悅；他也與在地咖啡館合作，加入咖啡元素，但他

亭仔腳下的年幼吳嘉文。
（照片提供／七星藥局）

吳進（中）正與來訪業務洽談生意，吳賴秀雪（右）忙碌於照顧上門的顧客。（照片提供／七星藥局）

吳嘉文（左）與吳至鎧（右）。

只販售咖啡豆和濾掛包裝咖啡。七星的咖啡特別之處，在於把六十年前的藥袋重新輸出製作成咖啡包裝袋，稱為「百藥之王」。吳至鎧咸認咖啡別稱百藥之王，與藥局給予人的印象十分吻合，遂有此發想。「七星藥局」成了具名氣的「景點」，他認為是因為它的故事被閱讀了，大家透過故事線索來認識七星藥局，所以不論是消費、認識空間、想聽故事而來，他都覺得非常有意思。他說藥的文化比較鮮為人知，通常大家比較常透過比如簸仔店，進而認識台灣的文化，相對的，藥店的文化就非通俗的顯學。他希望可以藉由七星藥局建構一個藥業文化溝通與交流的場域，讓大家得以進一步認識台灣藥業文化與精神。

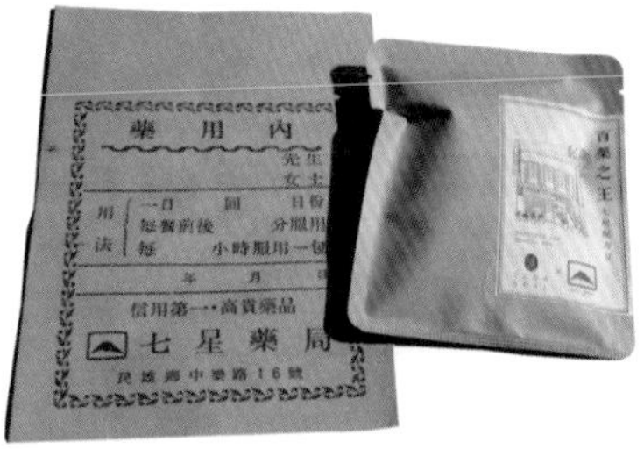

愛喝咖啡也懂咖啡的吳至鎧，在藥局內加入咖啡的元素，將百藥之王的咖啡，利用舊藥袋包裝。

七星藥局的建築外觀是洗石子的立面與木窗等，都是沿用老建築的元素，內部斜梁下朝外延伸的是昔日騎樓（即亭仔腳，騎樓頂的燈座至今猶保存於室內），吳至鎧津津樂道家門口騎樓的歷史更迭，他認為這是此棟建築最饒富趣味性之處。七星藥局招牌的豆腐角形式，也是吳至鎧期冀沿襲曩昔舊招牌的一致風格，甚至將字體採用凸版，這在台灣的招牌是罕見的。從門口櫥窗展示的藥產品入門，當顧客一腳踏進藥局空間，一路認識藥業發展的脈絡，佐以家族史，進而形成完整的藥業故事與精神。在七星藥局的二樓，吳至鎧也布置一個老照

梁柱與吊燈燈座，都是亭仔腳的遺跡。

藥局側面的舊招牌。

七星藥房開幕時，獲贈的匾額。

吸睛的豆腐角招牌。

片的展覽空間，甚感可惜的是，二〇二一年新冠疫情爆發後，已暫不開放參觀。

國立中正大學有一個「大學社會責任（USR）」計畫「重構大學路」，即認識、認同與共同行動，藉以重新認識在地，向鄉民學習，看見彼此，進而認同，共同解決問題。簡而言之，就是跟著在地居民一起做大家做的事，而七星藥局也熱情的參與其中。

這是一間傳統藥局，但它卻正在開啟與改寫藥業新時代的精神與文化！

七星藥局

現今的七星藥局招牌，與洗石子立面外觀。

七星藥局的創始人吳進夫婦
（照片提供／七星藥局）

地址：嘉義縣民雄鄉中樂路 16 號
電話：05-2261977
營業時間：08：00～22：30（平日）

地圖 QRCODE

嘉宮旅社

一甲子風華痕跡，華麗轉身

嘉宮旅社位於嘉義市的新榮路上，隸屬於本市的西區西榮里。西榮里東邊以忠義街與文化里作為界線；西至新榮路與書院里；南伸至民族路與新富里；北則至中山路與番社里。根據區公所資料記載，西榮里舊名為「田仔地」，據傳曩昔有一名叫翁裕的前人渡海來台，目睹本里土地草木蓊鬱、肥沃，於是落地開墾。翁裕後無子嗣繼承其財產，於是他把開墾的土地分贈予鄰里，本地人為感念他的善行，尊稱他為翁裕公，而他所拓墾的土地，自此稱為「田仔地」，他也成為本里的守護神。

嘉宮旅社

Chiakon Hotel

整飾後的嘉宮旅社，門面風格低調卻突出。

嘉宮旅社特意展示的嘉宮旅社前影像。

嘉宮大旅社，看見桃城繁華之眼

嘉宮大旅社建於一九六二年，其華麗的轉身何故？故事必須從第一代的黃文英女士（1938～2016）說起。

嘉義市從日治時代起，眾所周知，其因為阿里山的伐木業興盛，根據統計，一九三五年七萬多人口的嘉義市，竟高達十分之一者係木業相關的從業人員，因此木業衍生的工作機會，帶來大量人口，旅館、餐飲店、東西市場及娛樂場等[1]也因應而生。但於一九六三年後，因為環境保護意識逐漸抬頭，木業遂日漸走下坡。然而，自一九三〇年代發跡的產業特色，嘉義市仍舊維持了木材之都的美名。由此，市區的發展與繁榮即有脈絡可循，到這裡的尋工者亦是促成此城繁榮之緣故。一九六六年至一九七一年間，嘉義市火車站附近旅社林立，嘉宮大旅社

1. https://reurl.cc/VDbjqn ，文化部再造歷史現場網站，2021 年 12 月 19 日瀏覽。

的第一代主人黃文英，當她開始投身從事旅社行業後，由於家庭因素與因緣際會，黃文英即頂下嘉宮大旅社自營，不但可以照顧家庭，也有一份穩當的收入。

旅社初始的經營，以一般住宿的旅客為主，一九六〇至七〇年代適逢台灣經濟快速發展，旅社的內部開始注重更完善的設備，以及更多房間數；然而，當消費型態出現變化之後，旅社生意即漸漸式微，住宿的對象多以工人階級及休息客人為主。

嘉宮大旅社直到黃文英辭世後，由長年北漂的第二代—盧志銘夫妻繼承，他倆謙沖表示，

嘉宮旅社未改裝前的嘉宮大旅社招牌。（照片提供／嘉宮旅社）

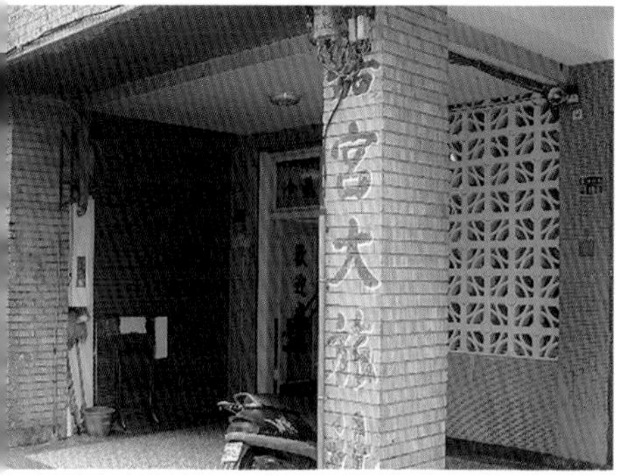

嘉宮旅社前身嘉宮大旅社柱子上的油漆店名。（照片提供／嘉宮旅社）

現今充滿文青氣息的嘉宮旅社招牌。

第二代主人盧志銘。
（照片提供／嘉宮旅社）

嘉宮旅社門廊一隅，還可見到保留的舊式窗花與洗石子地板。

因本身無一技之長，如果轉行創業勢必須有足夠的資金，經過一番深思熟慮後，毅然決定讓嘉宮大旅社的歷史延續下去。第一代黃文英在世時，無意翻新旅社，並表態待她離世後，倘若後代願意繼承家業，那麼，嘉宮旅社自然全權交由下一代處理。於是，嘉宮大旅社有了一番新氣象與風景的轉變。

如果我有一間夢想的旅社，我要如何改造

隨著時代洶湧的潮流衝擊，如何賦予老旅社新生命？盧志銘夫妻咸認首要提升住宿品質，嘉宮於是開始轉向，純粹以旅客住宿為主。那麼，該如何翻轉嘉宮大旅社的既定印象？答案就是必須改頭換面的翻新。他們倆自籌資金，

整修蛻變中的嘉宮旅社。（照片提供／嘉宮旅社）

保留嘉宮大旅社時期的樓梯扶手欄杆，以及磨石子地板。

保留嘉宮大旅社時期的陽台欄杆。

處處充滿布置巧思的牆面。

因此硬體的設計與改裝，都是由自己搞定。他們保留了陽台的欄杆、樓梯的扶手、磨石子的地板等原汁原味的老物件，再找師傅來重新施工內部的細節部分，整整花費一年時間。如果從嘉宮旅社昔日的照片對照，即能自現在建築內的老元素，嗅出時間的味道。

盧志銘夫妻深感一間旅社經營之不易，也感念黃文英過人的能力。他們從摸索到決定改造，初始即頻遇瓶頸，無論是資金或人力上，都是空前的吃力。從一開始半年的慘澹經營，直到二〇一七年的後半年，顧客口碑逐漸建立，

天花板的雕花，是以水泥細細琢磨而得。

保存在瓶罐內，珍貴的嘉宮大旅社火柴盒。

一個小小的火柴盒，
即可對入住的旅客展示一個時代故事。
（照片提供／林珊）

留下時光痕跡的樓梯，
每個轉折都是一段歷史足跡。
（照片提供／林珊）

嘉宮旅社門面新妝。
（照片提供／林珊）

這條服務業甘苦之路，著實點滴心頭。

重新出發後一路走來，他們最大的收穫與安慰，大概是做到客人的期待而獲得回饋。比如客人會好奇，為何會經營一家如此令人放心的旅社；甚至有關設計，都獲得客人的賞識，尤其內部復古的物件元素。嘉宮旅社也分享了一則旅客的小故事。來自迪化街二〇七博物館的華館長曾來入住，彼時博物館正好有一場火柴盒作為主題的展覽，間接發現有一只火柴盒上面的電話與地址，正好與嘉宮大旅社相符，於是與館長和收藏者洽商贈與嘉宮旅社這只具時代意義的火柴盒，成為一樁美事。

儘管嘉宮旅社重新整裝，但它的主結構並未被破壞，第二代的盧志銘夫妻承襲後，保留了老旅社最原始的紋理，這些種種的遺古，在在訴說著歲月淘洗過旅社的故事，以及它曾經走過的風華痕跡。

嘉宮旅社

原本古早的水泥窗花，放入小小的設計巧思。

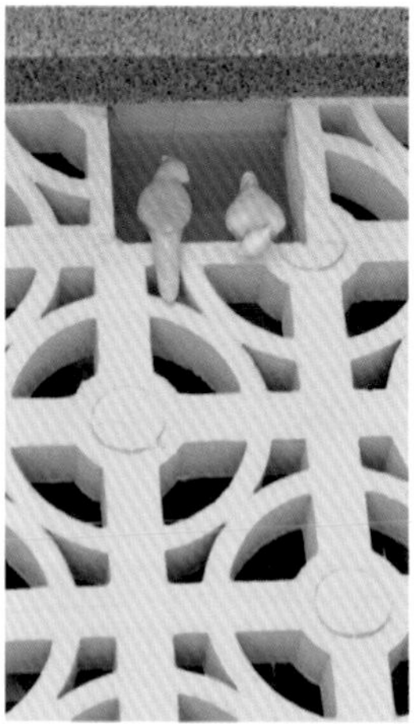

在門口側牆的花窗裝飾，入門前已可感受到主人營造迎賓氣氛的用心。

地址：嘉義市西區新榮路 187 號
電話： 05-2223551
接待時間（訂房預先聯絡）：
10：00 ～ 22：00

地圖 QRCODE

東亞大旅社

登場好氣派，人稱六坎樓

東亞大旅社，昔人稱六坎樓，坐落在朴子市、日治時期最熱鬧的中正路老街區上。它的外觀不但有中英文對照的名稱，且仿「裝飾藝術形式」（Art Deco），巍峨的立面更形氣派。

東亞大旅社的前身是咸興大旅社。咸興大旅社營業項目包括食堂、澡堂與住宿等。

Tong Ya Hotel

玉香珍餅店是改名後的東亞大旅社第一代老闆陳林謹創設。

集合最美的符號與形式，最突出的時代建築創舉

東亞大旅社老闆陳俊生（1939年生），與老闆娘陳侯延（1940年生），兩人為這棟已走過一甲子年歲的旅舍第二代接班者，他們也已屆耄耋之年。原名咸興大旅社的東亞大旅社，原屬陳俊生的舅舅林萬金所有，本來想經營戲院，但因為鎮上已有三間在營業，才改變成經營食堂與澡堂的複合形式旅社[1]。一九五六年開工，一九五八年完工的咸興大旅社，它曾是嘉義縣市最高的大樓建築，共建有六間四層樓房的店面，前半部四樓後半部六樓，三樓以上為客房與食堂，只有五樓以上的房間裝潢成日式的格

1.https://theme.udn.com/theme/story/6774/2892070 ，《聯合報》，2017年12月24日，魯永明報導，2021年12月25日瀏覽。

局。根據陳俊生口述，從前在他的舅舅經營時代，三、四樓是打通的，後來母親陳林謹買下來經營以後，才將內部隔間。

陳俊生本是朴子市崁後里人，畢業於鴨母寮（今朴子市竹村里）竹村國小，其職業本是朴子鎮公所的公務員；太太陳侯延是六腳鄉溪厝村人，就讀六腳鄉蒜頭國小，畢業後開始學習洋裁，後來在蒜頭市場附近跟著老師幫客人縫製洋裝，直到十八、九歲出師。

東亞大旅社梁柱設計與建築，非常考究。

一九八二年，陳俊生的母親陳林謹在中正路上開設了玉珍香餅店，兩人在此相遇後，由女方親戚當媒人而結縭。直到小孩陸續出生上小學後，陳俊生三十幾歲時，為了讓孩子受更好的教育於是舉家遷居朴子，租住在東亞大旅社一樓的第三間屋子。當時咸興大旅社已易主，由陳俊生開餅店的母親與親戚朱萬全買下一起經營。後來，包括陳俊生居住的屋子前三間原本

東亞大旅社老招牌。

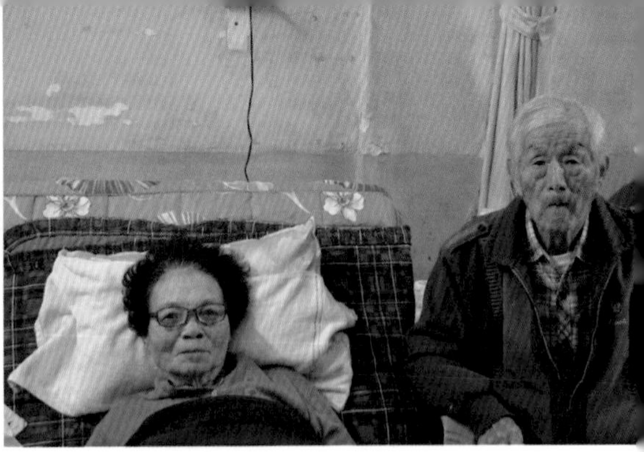
東亞大旅社負責人陳俊生夫婦，左為陳侯延女士，人稱「東亞嬤」。

要再轉賣，但沒有成交。陳俊生的母親辭世後，旅社便由陳俊生夫婦買下，當時雇用兩位服務生，另請專人打掃。

民國七十幾年，陳俊生參選朴子鎮長失利，於是提前退休，轉職從事代書工作。中正路於日治時期是最繁榮的街肆，美好光景一直持續到戰後仍維持著。陳侯延說，因為中正路是東西向，因此南北往來的交通繁忙，北部遊覽車南下，一定會在此住宿逛街，後來布袋漁港成景點，遊客紛紛前往觀光，大啖海產，是中正路漸漸沒落原因之一；另一原因係政治因素而未進行都更所致。

談起東亞大旅社的經營史，陳侯延直言，客人入住時候常說像迷宮。早年旅社內部的四樓是食堂，設備有婚禮足以宴客的大廳，在三、四樓上下的樓梯間，為了分散人流，於是建築上設計了剪刀式的檜木製交叉樓梯，足見東亞大旅社之大，以及於當時可謂全台灣首屈一指的前衛設計。它的三樓每個房間都暗藏「春色」，浴室的牆面皆以磁磚拼貼著裸女照片，保守的年代，這是非常大膽而開放的裝飾。

為了分散人流，首創剪刀式樓梯。

浴室牆面絕無僅有的裸女磁磚。

每一間浴室的裸女圖案皆各具特色。

藉由文資保存之手，保留最好的時間光影

約在二〇一一年至二〇一三年間，也是朴子人的雲科大建築與室內設計系蘇明修教授，他來看過東亞大旅社後，告訴陳俊生夫妻這間旅社可以作為古蹟保存，經過雙方同意合作後，蘇教授始帶領團隊著手整修。修繕之後，東亞大旅社的名氣再一次翻身。

東亞大旅社目前仍營業著，但因二〇二〇年遭遇疫情暫停營業一段時間，疫情未發生之前，都還有客人前來入住，甚至有人因報導而慕名參觀。曾經，也有戲劇公司前來租借五、六樓，作為拍攝戲劇的時代場景。

東亞大旅社，如時代縮影在朴子街上

東亞大旅社的主人陳俊生與陳侯延夫婦，儘管年事已高，但仍守護著這棟逾一甲子、極具歷史意義、價值的旅社。旅社收藏了多少人來人去的情味故事，縱使年華已老去，但對

於未來的人曾經賦予它的新面貌，況味依然深納在屋子的一牆一梁內。從林萬生的咸興大旅社到陳林謹的東亞大旅社，再轉手到陳俊生夫婦手中，由興轉衰，再由頹敗復活一次至今，東亞大旅社在大時代浪潮中，至今猶然是昔日朴子旅宿業的先行者。

東亞大旅社

斑駁的時代裸女磁磚畫。

旅社內裝飾鏤空雕花的洗石子樓梯。

地址：嘉義縣朴子市中正路 181 號
電話： 05-3792101
營業時間：請先洽詢

地圖 QRCODE

左藤紙藝薪傳

老城民藝的守護者

台南古城人文薈萃，生為台灣第一城，追想當年匯集來府城混跡江湖討生活的各路移民人馬，自然帶來家鄉的習俗與文化匯入。無論婚喪喜慶與各種禮俗，如水般滲入庶民的食衣住行生活中，形成在地獨特的文化。經歷幾代人後，各式各樣民間傳統藝術在老城依然被流傳與承襲，儘管式微，但仍有有心者傾盡全力搶救與創新。箇中沿襲傳統而不放棄信念的，當屬左藤紙藝薪傳為翹楚。

替西嶼鄉外垵村溫王宮王船醮製作的王爺神明。

Sato PaperArt

用最草根的台語，說最在地的文化歷史

左藤紙藝首創於清代，第一代是洪興旺，被清代朝廷勅授「台灣道純司國」，針對此名詞請教第六代傳承者洪國霖（1987年生），他解釋說，曾聽過他的伯仔說過，意思係指較有權威的道士，台灣道純司國就是道士的稱號。另外，左藤紙藝的臉書文字介紹中，提及「唐藝閣」一詞，洪國霖聊及他的父親洪銘宏（左藤紙藝第五代，1959～2019），曾經跟隨台南陳金勇師父學習，陳金勇早期也是糊紙的權威，日後才轉行改做木雕。陳金勇「牽」出來的師仔（徒弟）都是唐字輩，所以學徒出師後，會自己取號「唐X閣」、「唐X軒」

第五代洪銘宏（前排左一，格子襯衫者）。（洪國霖／照片提供）

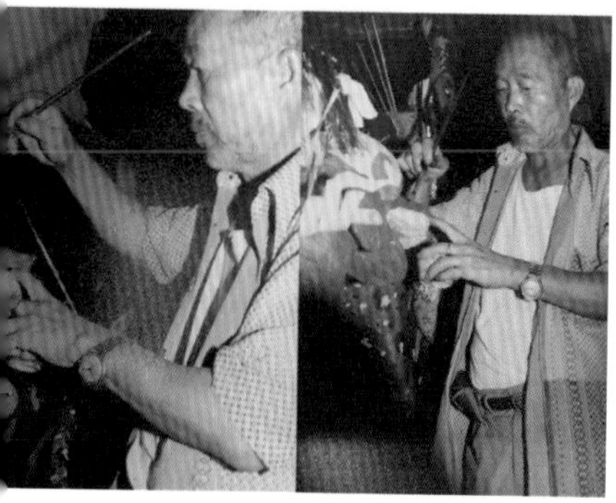

第四代洪錕鎔（1917～1988）專注工作時。（洪國霖/照片提供）

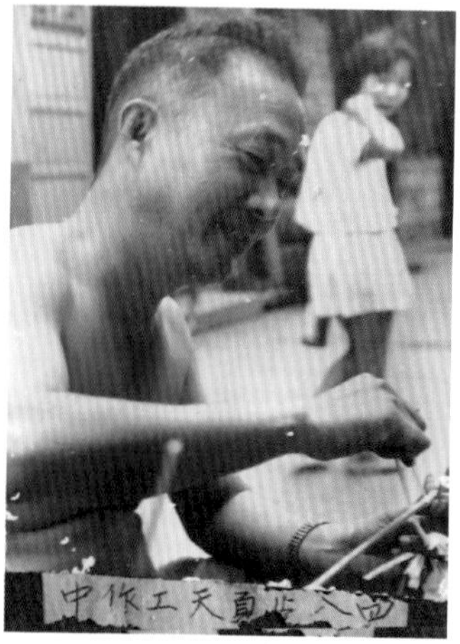

第四代洪錕鎔（1917～1988）於糊紙上色。（洪國霖/照片提供）

等。洪國霖慣用台語解說左藤紙藝歷史，腔調自帶一股濃厚的親切感，沒有多餘贅字，「氣口」十足，非常有人情味。

細數洪家族譜，從第一代先祖到第二代洪厚道，三代洪興旺，四代是洪清源，五代洪枝成，六代是阿公洪錕鎔（1917～1988），七代是爸爸洪銘宏（1959～2019），八代則是洪國霖。然而，洪國霖更正洪家的糊紙歷史系譜，若以真正開始有做糊紙而言，他是排行第六代。他曾聽洪銘宏說過，第一代和第二代沒有從事道士和糊紙行業，所以真正排行的第一代是從洪興旺算起。故，左藤紙藝薪傳的歷史系譜，從第一代洪興旺開始，方具有道士和糊紙匠人兩種身分。洪氏家族為俗稱小金門的烈嶼鄉人，洪興旺曾返回小金門轉進中國去精進道士與糊紙手藝，學成後，洪興旺立刻返回台灣，繼續營業傳承。

「左藤紙藝薪傳」乍聽之下，會錯以為是日本的行業，但其實不然。洪國霖說，左藤的店號是從阿公洪錕鎔開始定名。由於洪錕鎔受日本教育，當年常有人說他長得像日本首相佐藤榮作，因此佐藤外號不脛而走，遂以此命名，但他刻意將佐字的人字去掉。現今，店

日治時代的「左藤紙店」招牌。
（洪國霖／照片提供）

2022 年的左藤紙藝薪傳招牌。

內還掛有一張拍攝於日治時代的左藤紙藝薪傳的店招老照片，足供證明。

放棄道士職業而專職於糊紙功夫，發生在洪錕鎔這一代。一開始承襲洪枝成的家業時，洪錕鎔仍保留道士和糊紙。據洪國霖口述，原本跟洪錕鎔一起從事道士的伯公，有一天做了一場法事回家，結果一腳被門檻絆倒，人往前一趴。洪錕鎔一驚，念他可能少了一個步驟而被「卡」了，洪錕鎔毅然專攻糊紙產業而放下道士的身分。

進入美術系，糊紙藝術更細膩

洪國霖生養在糊紙的家族，當然也受到影響。他從小就幫忙摺紙，摺古早厝內的電視與冰箱，或者糊普渡山上的霜雪紙，

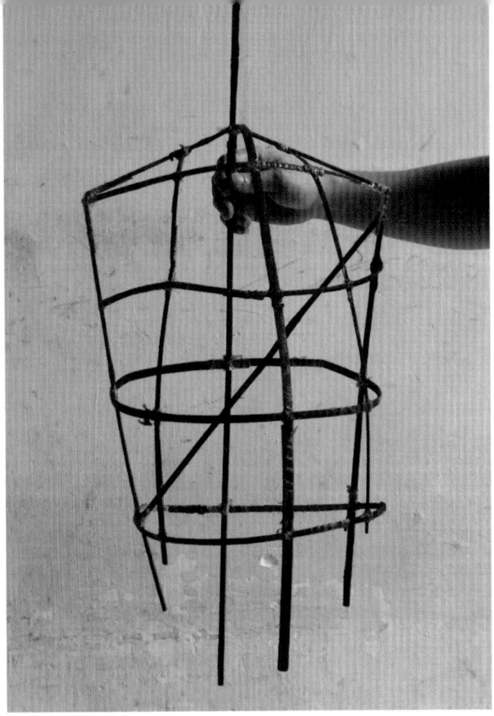
洪錕鎔留下來的陸騎身軀結構。

而他正式投入糊紙在二十三歲那年。他在求學時，選擇進入台南應用科技大學就讀美術系，但他術科拿手，學科卻沒輒，而後肄業。二〇一九年，洪銘宏辭世後，洪國霖一手扛起家業。左藤也曾招收過學徒，但這類傳統手工業對年輕人言，實在不具吸引力。做這一途辛苦嗎？洪國霖說，還好，最關鍵在於耐性。年輕人來，基礎的剖竹篾、綁骨架都尚未學會，就跳躍式地想直接糊紙，自然就無法長留。

左藤的竹子材料來自關廟，屬節長的孟宗竹。竹子分老竹和嫩竹，老竹太乾燥不好折，且要保留竹皮，夏天易蛀，蟲咬肉，削掉肉，竹皮還可以使用。洪國霖跟著洪銘宏開始學做糊紙，一開始的步驟，洪銘宏會先製作一「仙」示範，他先畫好草圖尺寸，然後開始綁

工作中的洪國霖。

洪國霖手作收藏版的陸騎。

竹篾，而後糊紙。洪銘宏會等洪國霖完成後，指導他哪裡錯了，再拆掉重來，一絲不苟，沒有馬虎。挑選竹材也是，要自己去感受。基礎打穩了，洪國霖第一個作品就是普渡公大士爺，以及建醮的陸騎（人物可替換，坐騎固定是虎財神，通常是放大版，洪國霖現在縮小比例，讓顧客可以買回收藏）。但通常是接了就做，不挑揀。一般人物版型架構會保留，但如果是動物形象，常做自然就熟稔了。洪國霖拿出一個骨架，是洪錕鎔留下來的陸騎身軀結構，做為示範與比對。

談到燈會的人物形象，洪國霖記得從前花燈人物等，都是糊紙作品，但現在都是標案，所以傳統糊紙就上不了台。他分析燈會的人物如果用竹篾糊紙，打光會有竹篾陰影，現在的都是用焊鐵造型，所以骨架不容易顯露。但，其實如果只是因為美觀，傳統的古樸仍比較令人懷念。洪國霖聽他的父親說，小時候元宵節

裸露出報紙材質的半成品龍身。

一到，他的爺爺就必須趕製手提花燈，左鄰右舍都會來幫忙。

堅持古早味體驗，傳統文化就是創新

洪國霖有時候會走進社區或學校教授糊紙的體驗課程，他會從簡易的小天燈教起。糊紙使用的只是模造紙，但他會依照作品選紙，如果是塑形則使用報紙（有的地方用金紙），直接打底上色，就不需要用模造紙，這用在永久塑形上，例如陸

洪國霖與他的作品。

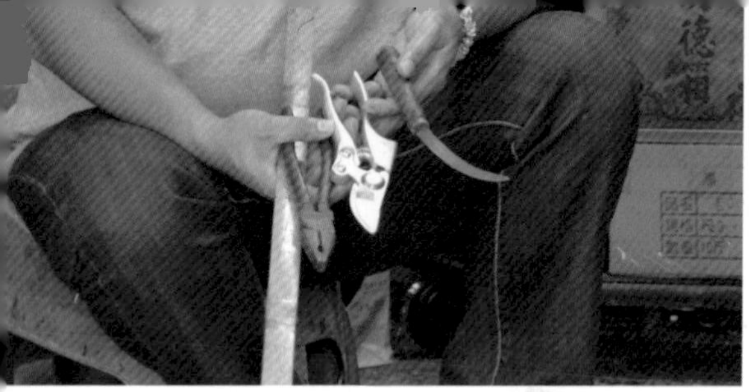

糊紙所需要的必備工具。

關廟來的竹材料。

騎等，比較好塑形。有的客人會想要保存更久時間的，他會在報紙外面再包覆一層白色粗布，通常模造紙使用在冥紙厝等。

工作上使用的工具，包括鉗子、鐮刀（剖竹篾）、剪刀、美工刀、紙丁（玻璃紙，早年使用雞毛紙，用以固定結構）等。

左藤紙藝係依專做喜喪、傳統歲時祭神、喜慶、廟慶等，

↑府城做十六歲成年禮，傳統習俗的大型七娘媽亭。（洪國霖／照片提供）

←天公座（亭）。（洪國霖／照片提供）

洪錕鎔作李鐵拐。（洪國霖提供）

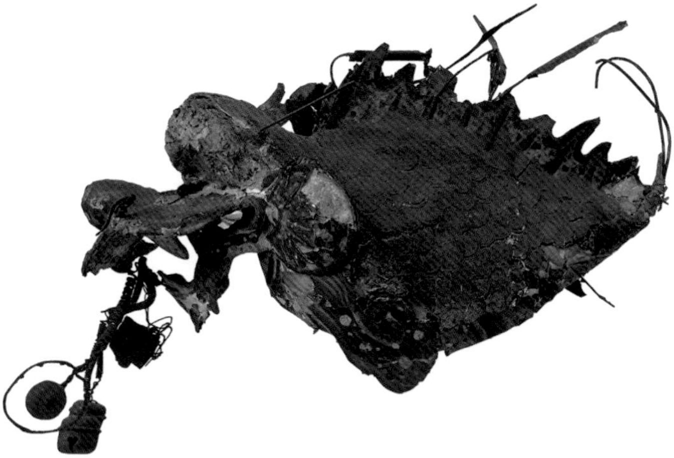

洪錕鎔作鰲魚。（洪國霖提供）

結合藝術與民俗紙藝。喜慶是專門幫廟宇製作，算「紅」的，以及做十六歲成年禮、娶妻拜天公等，製作的是天公座（或稱天公亭）。至於建醮就分有陸騎與十騎，這些糊紙作品是被請來臨時顧壇，祭儀結束後將糊紙的臉封起來送化，表科儀圓滿結束。喪事就是冥紙厝、車子、手機等，洪國霖回憶十幾年前，製作的以傳統紙厝居多。

洪國霖說糊紙這項手工業其實沒有太大轉變，但在元素上稍

洪銘宏的王船樣本。

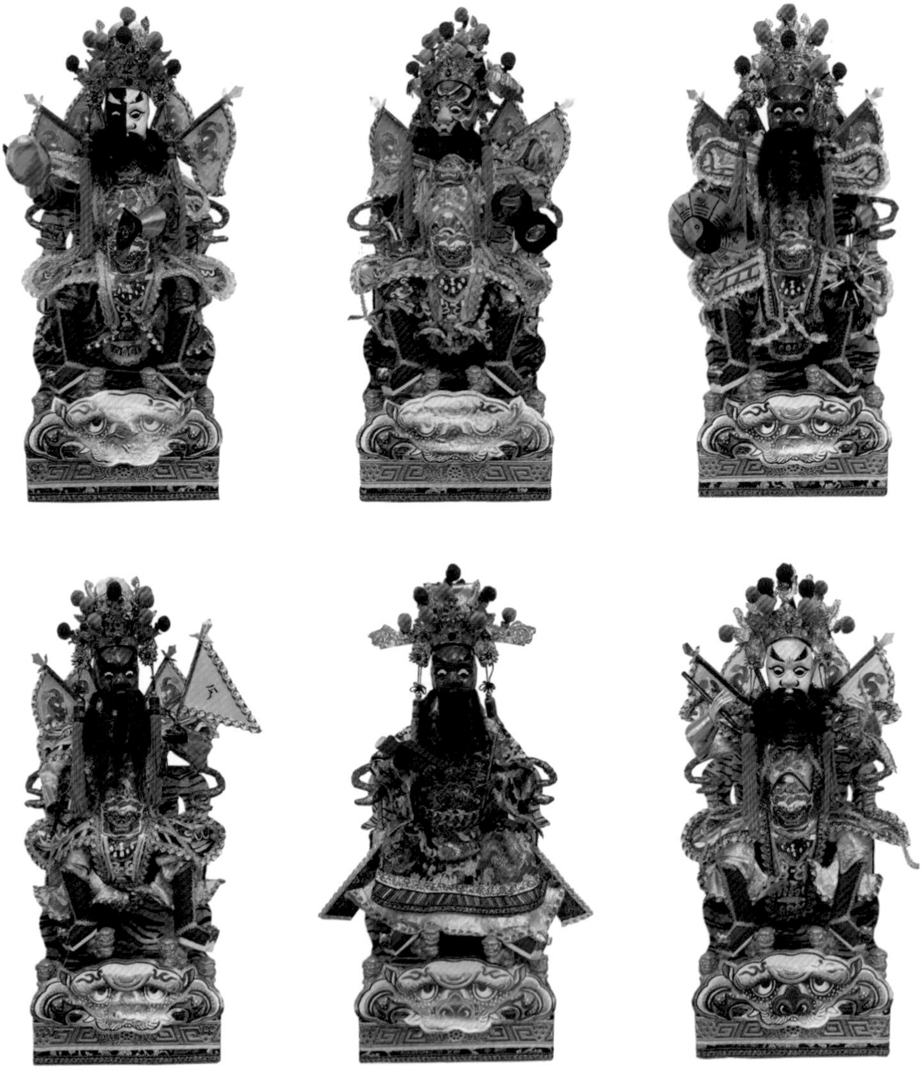

洪國霖赴澎湖西嶼鄉外垵村溫王宮閉關，
為寺廟手作六尊糊紙王爺。

有添加新元素。例如人物部分，其衣著使用布料，他以專業的眼光審美，覺得布料看起來比較自然，以及增添質地和價值。他說如果改變這一切，就變成文創了，傳統會流失。他要傳統不要文創。他舉一個例子，他曾經在外面撿到老木頭，帶回來後，在空檔時做了一隻下山虎，結果就被一個識貨也熱愛傳統的小學老師買走了。

糊紙傳產也有大小月之分，每年的農曆七月普渡屬於大月，如果有接到建醮的工作也可歸類為大月。洪國霖日前受邀到澎湖西嶼鄉外垵村的溫王宮居住了十八天，替廟方製作王船醮的六尊王爺神明，澎湖保留住傳統，匠師必須在廟裡閉關製作。

招財錢龜

糊紙這個傳統老行業，其實並無任何的驚奇事蹟可言，但洪國霖遭遇一次特別的經驗。有一天，他與父親在店內，中午時分有一位阿婆來隔壁東嶽殿拜拜，她走過來說要糊冥紙厝，要補燒給她丈夫。她說自己是關廟人，從來沒到過台南市，是她丈夫託夢叫她來東嶽殿隔壁訂購。他父親問對方，我認識妳尪嗎？她說不認識，他都在鄉下務農。

錢龜，是在主神聖誕時，讓信眾擲筊請回家供奉，保佑民眾可以賺錢、平安，亦即錢疊錢賺大錢，滿一年就要歸還給廟方。有的信眾有感應到錢龜的保佑，滿一年即製作新的錢龜奉還廟方，舊的繼續留在家中繼續供奉。

二〇一七年，洪國霖攜糊紙人遠赴馬來西亞參展，還曾出借作品去日本展出。他沒有收徒弟，但要如何堅持讓傳統繼續？他說這行業是不會被淘

栩栩如生的紙藝作品。

汰的，他說就看有緣人自己來學，以及個人的修養。其自信來自於他們傳襲下來的教學比較嚴格，他說自己與父親的教學一樣，且有一個意念就是：我代表左藤，讓作品一出去，別人一眼就認出這是左藤的。

左藤紙藝新傳

左藤紙藝店面招牌。

左藤紙藝作品。

地址： 台南市中西區民權路一段 116 號
電話：06-2265466
營業時間：可先洽詢

地圖 QRCODE

明林蕾絲

一本本手貼樣本簿 保存著台灣蕾絲文化

位於台南南區三官路的獨棟鮮白色建築，明林蕾絲的總部在台南的陽光下曬得明亮。踏入明林蕾絲，由頂至底的層櫃內，一格格的擺放著跨越一甲子的片片蕾絲。明林蕾絲創立於一九五九年，原為明昌花邊鈕扣公司，那年代正值台灣經濟起飛時期，林茂松先生聽取父親意見，太太也懂裁縫，毅然決然離開工作崗位，白手起家創立與民生有關的企業。當時起步青雲，商品種類多樣，與服飾配件相關的生意都做，針線、鈕扣、蕾絲等用品種類齊全，後因蕾絲利潤高，且較具競爭力，選擇了專營蕾絲生意，並在一九六四年正式成立明林股份有限公司，至今仍然堅持台灣做工精細的蕾絲文化。

明林蕾絲與設計師合作，以台南市花鳳凰花為圖案打造的一款蕾絲布，並展示於林百貨。

Ming Lin Lace

由頂至底的層櫃內，一格格的擺放著跨越一甲子的片片蕾絲。

以「天馬牌」聞名的明林蕾絲，在一代林茂松先生的經營之下，一九七〇年代達到生意的高峰。從一九六〇年代起，台灣的紡織產業政策不僅可以內銷，也可以外銷，明林蕾絲在當時生意遍及全台，「收帳是一家家收。」二代林銀雪說到，當時爸爸和哥哥負責收帳業務，爸爸負責北台灣，哥哥則負責台南、台中、沙鹿一帶，外銷至香港的蕾絲，也占了一部分公司營收。內外銷皆順利的明林蕾絲，在地台南民生店的生意也做得相當出色，客人絡繹不絕，爭相選購，林茂松先生笑著說道：「當時生意好到沒有休假！」

二代姊姊林淑珍從政大政治系畢業後，應媽媽要求直接回公司幫忙，二代會計系背景的妹妹林銀雪則工作幾年後，覺得在外的會計工作無趣，也回家共同承擔家業。繼承家業沒有太多的紛擾，反倒是像人生早已規劃好般的順勢推進爸爸開啟的蕾絲王國。兩人想起小時候家裡像商場，蕾絲用品繁多，「看了就覺得煩躁，也不太喜歡洋娃娃。」兩姐妹不像一般的小女孩對蕾絲皆擁有夢幻美麗的情節，她們從小不喜歡蕾絲，只因為那一本本至今依然在使用的「樣本簿」。

三百多本至今依然在使用的「樣本簿」。

依種類、樣式、花紋造型分類的樣本簿內的各式花樣。

有三百多家廠商，就有三百多本蕾絲樣本簿。全台的合作廠商，每家皆有一本姐妹倆小時候親手製作的樣本簿，這些依種類、樣式、花紋造型分類的樣本簿，內容齊全，有缺失的蕾絲素材也會擺上圖紙，供客戶參考，是銷售合作的最佳利

明林蕾絲台南總部。

器。一片片的蕾絲素材對上相應編號，廠商按樣本圖案編號選購蕾絲，現在仍持續使用這些小時手貼樣本簿，也仍可在明林蕾絲的總部翻閱查看當年的蕾絲樣式。

「被蕾絲養大的，別忘恩負義！」一句話讓蕾絲轉型發生

一九八〇年代是台灣紡織產業的榮景時代，而後隨著國際貿易發展漸趨自由，面對產業上下游大舉西進，紡織等相關產業面臨轉型挑戰。一九九〇年分家後，生意始終不見起色，也適逢蕾絲年齡斷層，年輕人不再愛蕾絲製品，撐了十幾年的明林蕾絲，動了想結束的念頭。經營的低潮時期，好在朋友的當頭棒喝，一句「被蕾絲養大的，別忘恩負義！」讓二代冷靜下來，思考蕾絲對他們的意義，原本從小當作吃飯工具的蕾絲素材，

家人一同打拚台灣的蕾絲文化。

在一次聖誕節的夜晚，有了具體的轉變。小姑隨手利用明林蕾絲的剩材包裝禮盒，放置於聖誕樹下，被二代林銀雪看到，進而重新思考蕾絲的意義，是否只是一片片單純的素材？還是有其他的延續的方式？而在二〇〇八年一場神韻藝術團的表演，也讓二代林淑珍意識到品牌的重要性，從蕾絲素材與 B2B 商業模式脫身而出，慢慢轉為品牌經營模式。

二〇一二年對明林蕾絲是個重要的一年。在消費型態已大為改變的現代，服裝工廠不是早已西進設廠，就是關門大吉。加工業的蕾絲訂單數量大減，該往哪裡去？一邊跑展覽，思考蕾絲的運用方式，跑了兩年眼界也開了，旗袍、洋裝、帽子、飾品……蕾絲無所不在，林銀雪回憶聖誕禮盒上的蕾絲，是不是也可以轉為開發產品，讓蕾絲不再只是配飾素材？又為了因應網路時代的發展，需要設立公司官方網站，從網站文案內容開始，林銀雪爬梳了蕾絲文化的歷史，瞭解了蕾絲文化後，才真正對蕾絲有了感覺。

埃及，蕾絲首次誕生的地方。前四世紀時，古埃及墓葬中發現服裝上的抽紗金邊，視為蕾絲的初始樣貌。蕾絲（Lace）一詞，來自古拉丁語系，原為套、鎖之意。歐洲是蕾絲發揚的重鎮，早期製作蕾絲更需要以專業的蕾絲工作台製作而成，在義大利威尼斯有座以蕾絲聞名的小島；在法國，路易十四時期華麗的服飾是貴族的象徵，精細的蕾絲用量越高，身分也越高貴，西方文化蕾絲意味著貴氣，無論是祭壇上、婚禮上、慶典上，適當的蕾絲是身分的展現。在深入理解蕾絲後的二代，因為有了文化，產生了使命感。而對於台灣，明林蕾絲也讓 MIT 的蕾絲有了意義。

鳳凰花與林百貨，重現蕾絲的萬種風情

正值轉型期間的明林蕾絲，剛巧碰上林百貨時隔多年再度開幕。一直在轉型路上努力的二代，二〇一三年一次在「安平 49」老屋內的商業攝影，被店主看到，留下深刻印象，邀請明林蕾絲將攝影物品留下來，成為與台南老屋結合的蕾絲藝術展覽，又剛好遇上林百貨的室內設計時期，一款為台南打造的蕾絲，烙印進林百貨裡。當時台南的市花是鳳凰花，明林蕾絲與設計師合作一款黃橙色的鳳凰花蕾絲布，設計師將之鎖進林百貨的櫃位、屏風、桌檯內，結合台南印象與台灣歷史的蕾絲，現在走過、路過能不經意的遇上。

明林蕾絲與設計師合作的鳳凰花蕾絲布。

燈罩也可以將蕾絲帶入設計。

也在二〇一四年林百貨重新營業那年，與林百貨合作，成立櫃位，開發的產品有了實體通路來銷售，這一步讓明林蕾絲開啟 B2C 的經營模式，許多消費者因為林百貨的櫃位認識明林蕾絲，直接面對消費者，打造品牌多了更直覺的方式。品牌發展從展覽開始到廣和設計師合作，讓蕾絲素材不再只是配角，當蕾絲遇上不同的設計師，風格會變動，蕾絲的呈現較以往多元，蕾絲的萬種風情更為明林蕾絲的品牌打響了名號。

參展！從台灣出發，探訪世界蕾絲文化

明林蕾絲經過六年的轉型與品牌建立，與台南經發局合作，積極開發國際客戶，不僅如此，透過參展與產學合作，於二〇一九年將台灣蕾絲文化帶到米蘭時尚設計週，二〇二〇年更獲得國際設計大獎A' Design Award & Competition。從素材製作轉型至設計研發，挖掘台灣本土文化外，二代接手後也探訪更多蕾絲種類，製作更多文化層面的蕾絲商品。西方蕾絲普遍種類多樣，東方蕾絲勾勒神獸龍與鳳，而得獎的作品是來自林銀雪親訪杜拜得到的靈感。

結合伊斯蘭藝術文化圖騰的蕾絲設計。

以東方花草青瓷為造型勾勒的蕾絲設計。（照片提供／明林蕾絲）

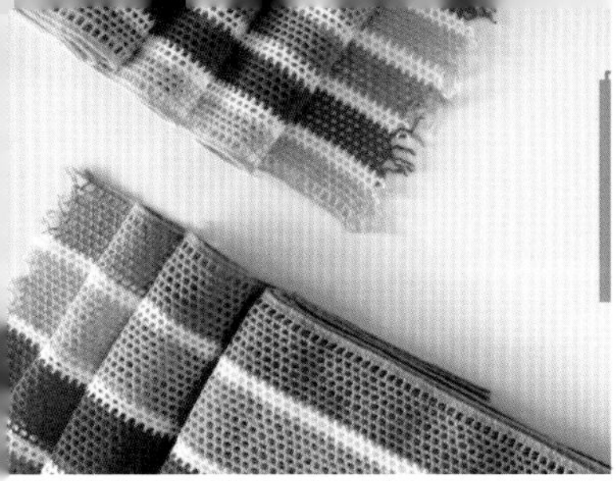

茄芷蕾絲的開發。（照片提供／明林蕾絲）

台灣著名茄芷袋圖騰設計出來的蕾絲布。（照片提供／明林蕾絲）

疫情下的蕾絲口罩產品（照片提供／明林蕾絲）

「當然希望東西能賣到杜拜呀！」林銀雪笑著說，去了一趟印度回程時經過杜拜，著迷於伊斯蘭世界的彩釉花磚、曼陀羅與五芒星，豐富無限延伸重複的伊斯蘭花磚，與蕾絲具有異曲同工的美感，異國文化的五芒星大多使用在建築外牆，讓林銀雪想起台南的窗花文化也有同樣的質地，明林蕾絲將伊斯蘭藝術文化與蕾絲相結合，一絲絲的紗線勾勒成片，製作出花瓶、燈罩、蕾絲籃，利用獨特的加厚技術，讓蕾絲挺起來，並贏得家飾範疇類設計大獎。

蕾絲不只用在服裝上，也有文化傳承的意義在。經過五十多年的純素材製作，轉型後的明林蕾絲，從自己設計到與世界設計師合作，進而研發蕾絲材質。產學合作能得到更多新鮮的想法，也能掌握時下趨勢，共同完成精彩的蕾絲商品。二〇二一年雖然是疫情時代，明林蕾絲也沒有停下腳步，以台灣著名茄芷袋圖騰設計出來的蕾絲布，藍紅綠三色下的白色蕾絲台灣地圖，代表台灣到日本參展，經歷了一代外銷香港，二代也因台灣製作的蕾絲品質好，日本成為接手後銷往國家的大宗。參加展覽讓明林蕾絲跨越國度的疆界，每次交流與旅程中都能得到眾多經驗，汲取異鄉文化，讓蕾絲展現原有的多樣美感。

蕾絲線上圖書館到博物館，讓蕾絲是配角也是主角

包羅萬象的蕾絲花邊，除了傳統的樣本簿之外，該如何向客戶展示、教育民眾是明林蕾絲考慮的要點。爸爸林茂松那一代記憶好，一看蕾絲樣本，就知道樣本編號，但人會老去，記憶日漸衰退，建立數位檔案迫在眉睫。明林蕾絲具上萬件蕾絲樣本，把素材放到網路上工程浩大，從建立蕾絲產品命名、尺寸檔案、拍攝素材照片等資料建置工程，讓第三代林宜宏有了發揮之處。

網路行銷背景的三代林宜宏，經歷在外工作與五年顧店時間，逐漸參與公司經營層面，

明林蕾絲台南總部。

明林蕾絲官網的產品形象。（照片提供／明林蕾絲）

當一萬多件蕾絲樣品需要拍照時，他將自己擅長的攝影興趣投入工作之中，「每樣蕾絲素材需要拍三張，還需要定點拍攝。」林宜宏解釋，他在公司三樓建立起蕾絲攝影區，一拍就拍了將近一年的時間，幾萬張照片傳到官網，蕾絲線上圖書館誕生。價格、尺寸、款式分類齊全，當時代消費習慣改變時，明林蕾絲跨出數位化腳步，對C端的電商方式，也增加不少營業額。

圖書館到博物館還有很長一段路要走，明林蕾絲從素材加工業轉型，到世界各地參展、開發設計師商品、開拓手創D.I.Y.市場，BC端同時經營服務，二代林淑珍談到，希望明林蕾絲能保持下去，不斷研發，做出與市場差異的商品，也期許未來能有更多環保材質的蕾絲與科技融入蓄光紗的開發；二代林銀雪則聊到，幾次的韓國考察之行，發現韓國將蕾絲創意發揮得淋漓盡致，感受到與台灣蕾絲的差異，希望努力提高蕾絲品質，並將明林蕾絲經營至百年企業；三代林宜宏則認為

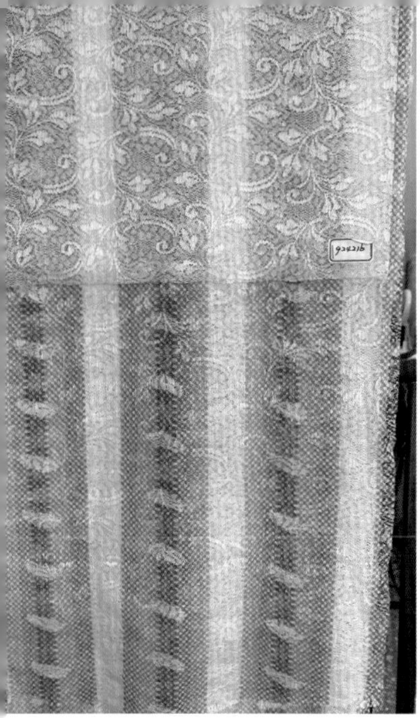

具台灣味特色的圖案也能融入蕾絲設計中。

明林蕾絲

明林蕾絲出品的白蘭花項鍊耳飾禮盒。
（照片提供／明林蕾絲）

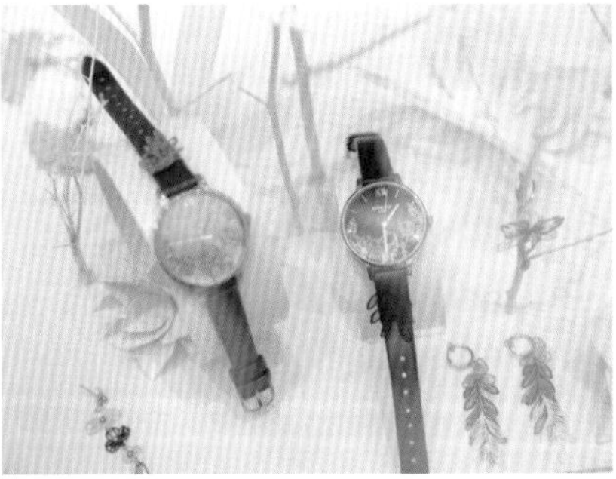

手錶也可用蕾絲裝飾。
（照片提供／明林蕾絲）

地址：台南市南區三官路 117 號
電話：06-2611181
營業時間：（一）～（五）
10：00 ～ 12：00， 13：00 ～ 17：00

地圖 QRCODE

蕾絲能應用在方方面面，不論是時下必備的手機殼，還是因疫情而必須每天配戴的口罩套、口罩鏈，讓蕾絲走進生活，是他所期盼的。

「把蕾絲做成主角」是二代、三代一齊共同邁進的目標，想讓大家知道所有的東西都可以使用明林的蕾絲表現。環視明林蕾絲開發的各項物品，從花朵、桌巾、布邊、帽緣、提花裝飾，到整件衣服、蕾絲傘品、首飾、燈罩、枕套、手提袋……相信並期待著明林蕾絲未來的作品。

木洛山風

落山風中的含羞樹

舊名「瑯嶠」的恆春，瑯嶠（又稱琅嶠、娘嬌、浪嶠）一詞為排灣族語的漢譯，最早見於荷蘭史料，音譯為Longkiauw-Lonckjau。清光緒元年（1875），欽差大臣沈葆楨來台，後於瑯嶠設恆春縣，直到一九四六年，恆春鎮始於焉誕生。恆春鎮德和社區，一個繁華墾丁旁的「第三世界」。根據木洛山風主人楊宗熏所描述，德和社區沒有高山，沒有河流，也不傍海，是一個貧瘠的社區，目前人口數約一千六百人。那麼，針對不利於發展觀光等事業的偏村，在生存條件罕缺的情況下，該如何尋找它的出路呢？做為一個在地子民，是否可能翻轉它的未來？

以銀合歡木製作的月琴。

Carpentry Workshop

來自恆春半島的木匠

十八歲之前，楊盛富跟著家人在恆春半島種田；十八歲之後，他在恆春鎮南門附近學習木工，跟著師父學習使用傳統卡榫工法，製作牛車、家具、八仙桌、菜櫥、門窗等。退伍後一年，原本欲待在故鄉做木工，但賺不了錢，他自忖這樣下去不會有出息，於是告訴母親他要到外面去找工作，母親說，若是這樣，身上也要有錢才行，就掏出一百元給他。他替機車加了五十元汽油，於是，就到水底寮去了。正午，他在人生地不熟的水底寮濟公廟呆坐著，睡了一頓午覺醒

楊盛富（左）純粹以卡榫工法製作的銀合歡家具。

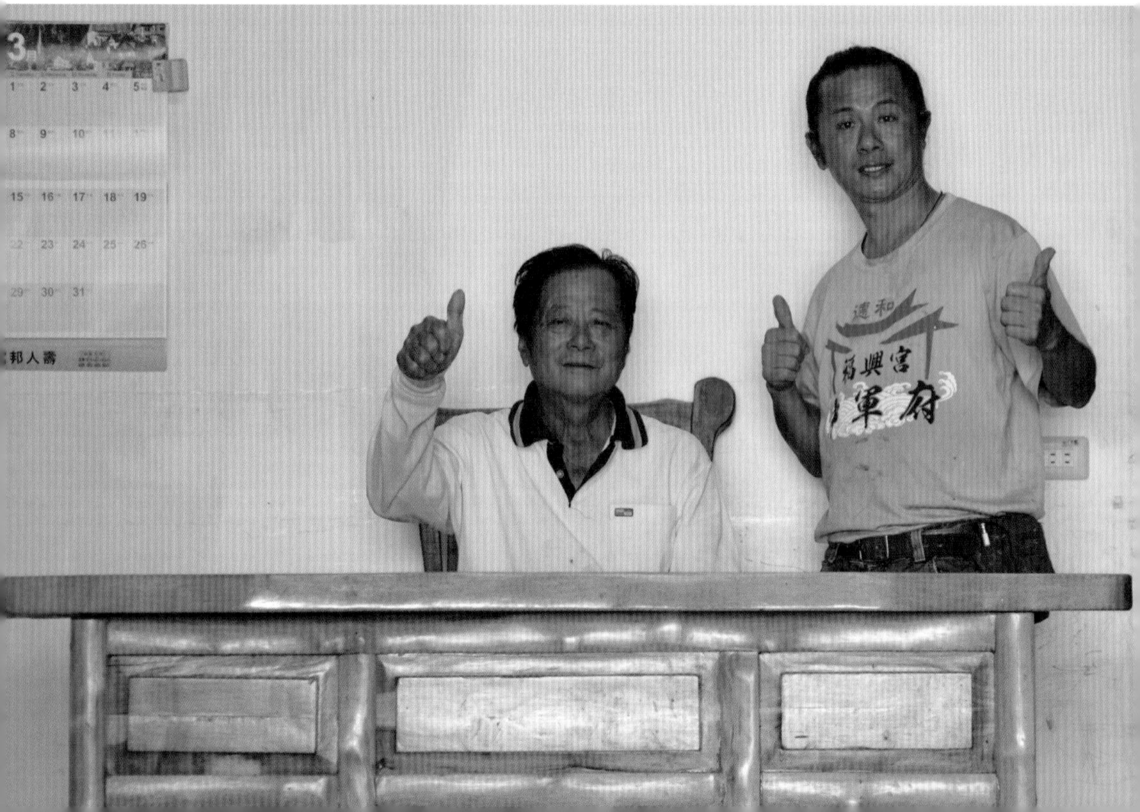

來後，眼前一亮，那不就是一間家具工廠？矗立眼前的是一間由二代接手的工廠。

楊盛富身上只剩下五十元，他厚著臉皮去向工廠詢問是否缺工，結果，無巧不成書，工廠老闆非常高興地說，正在煩惱不知道到哪裡找木工師傅。進入工廠後，楊盛富才刻骨感受沒有交通工具的吃力，因為工廠生產的傳統嫁妝家具，要運送到辦喜事人家，只有兩輪的犁仔卡人力車可以推載，常常得推到很遠的地方去。直到楊盛富結婚後，太太跟著他到水底寮生活一段時間後，有一天，太太告訴他說，他有工作不會無聊，可是她自己一個人在家沒有半個朋友，遂跟他商量返回恆春鎮。楊盛富首肯後，騎著鈴木機車載一張床、一組瓦斯爐，還有衣物、被子等家當，兩人共乘一輛摩托車，就這樣騎回恆春從頭開始。他先於親戚的店裡工作，木工師傅一天工資二百三十元，並開始轉業到室內裝潢，老闆接了裝潢的案子，但卻是門外漢，所以他也是老闆的師父，於此時他開始訓練徒弟。

開始創業後，楊盛富夫妻暫借住妹妹家。他首個案子位在檳榔坑，施工客戶的壁櫥，施工完畢，發現門的尺寸短少一尺而苦惱，結果是業主忘了告訴他必須留下一尺，打開櫥櫃門時才不會卡住，最後化險為夷。有一天，一位老家在北港的朋友，打算結束掉位於天后宮附近的木工廠返回老家，工廠的重機械帶不走，楊盛富剛好便宜接手，他自此打開自己的木工版圖。楊盛富的母親後來留下五十萬的債務給夫妻倆，他努力接案還債，有一回，於車城鄉溫泉村做一個裝潢案子，幾乎有一個月不曾闔眼。早年的裝潢使用傳統工具，必須用鐵鎚一槌一槌地釘木板。那時候，「做木」的行業已經開始式微了。

楊盛富於九年前退休，目前家中還保留一張銀合歡樹木製作的桌子。

銀合歡木，是木匠父子的交流語言

當行經恆春省北路，路邊的「木洛山風」招牌會吸引住行人的目光。

「木洛山風」的意思所指為何？手作木工創作者楊宗熏（1977年生）解釋，恆春是個颳落山風的地方，是風的故鄉，他說三十歲回鄉後，發現半島佈滿生態殺手、綠癌的銀合歡，同時它也是落山風下的產物，即落山風木，最早是台塑企業創辦人王永慶引台。楊宗熏童年看著父親楊盛富製作原木家具，耳濡目染之下，高中畢業後的他進入室內裝潢業當學徒，內心一直憧憬從事原木的工作，三十歲返鄉從事裝潢業，一直無法忘懷原木創作，於是取材原木做為裝潢的主要材料，裝修民宿。當時民宿業正快速崛起，有些業者需要原木裝潢高價的門、窗、家具等，他遂向父親請教材料、卡榫工法等知識。楊宗熏取材原木創作，盡量保留其自然本質，他並未沿襲父親那一代的傳統形式，但他保留住傳統工法，開發創新形式與內容。也因此，父子

坐落於恆春鎮省北公路旁的「木洛山風」工坊。

全台唯二利用銀合歡木製作的辦公桌。

彼此在木工中相互切磋交流，父親遂也以銀合歡木製作純卡榫接合的辦公桌，共製作兩張，一張在客戶手中，一張於住宅自用。雖然銀合歡木沒有樟木等木材價值高，但父親對它美麗的紋路讚不絕口。

銀合歡木的運用並非楊宗熏獨創，他說恆春半島有的漁船也取材銀合歡木的根部使用製造，除此之外，楊宗熏是第一人將之運用於家具製作。

瓊崖海棠木、構樹、相思木、七里香、毛柿樹等，也是楊宗熏的選項之一，他說早年恆春半島的農具多使用瓊崖海棠木製作。他盡量選用在地素材創作，例如他試驗瓊崖海棠木的特性製作家具後，發現也是不可多得的木材。楊宗熏身為社區發展協會理事長，原本工坊位在德和社區，後來為了銀合歡木的處理，才承租放置大型機具的現址，也是為了開發社區的產業。他崇尚在地取材的精神。

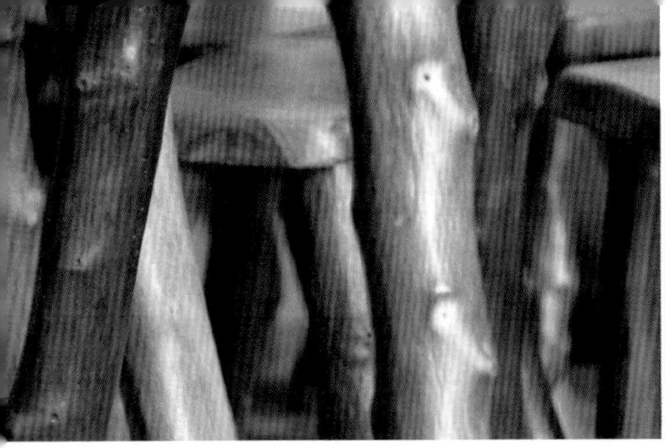

質地堅硬的銀合歡木。

瓊崖海棠木。

銀合歡木製椅子。

偏鄉又怎樣，木工發展更甚精采

為什麼會接觸到銀合歡？楊宗熏返回故鄉恆春鎮德和社區後，先於福興宮中軍府當義工，他幫忙廟宇製作山門時，因緣際會下，才發現切開的銀合歡紋路是前所未見的材料，而後開始將銀合歡木運用在店面、民宿、招牌的裝潢。他開始創新研發，將銀合歡此綠癌搖身一變成椅子、桌子、月琴樂器，還創作公共空間的裝置藝術、木平台、涼亭等，如貓鼻頭公園中貓的裝置。二〇一九年，楊宗熏更參與了屏東燈會，利用銀合歡素材加入燈會的創作，「恆春風巢」就是一項創舉，此作品後於丹麥參展。另外，他也將銀合歡融入社區產業，增加多元就業機會，讓中老年人學習第二專長增加收入，讓社區有經濟效益。德和社區可謂是銀合歡木材料產業的原創社區，經過十幾年來的推廣，於社大、媒體的推波助瀾下，讓大眾認識銀合歡

社區學員用銀合歡木製作的作品。

楊宗熏利用卡榫工法為客戶量身訂製的樟木櫥櫃。

木足以多元運用。在台灣土地上的森林，銀合歡木無天敵，所以楊宗熏鼓勵木工創作者盡量利用銀合歡木，以利減少銀合歡的生長面積，原生種樹才更有機會存活，這是他推廣銀合歡的立基，以及對土地的善意與愛。

以銀合歡木創作的貓頭公園
「貓與海洋對話」觀景涼亭。
（照片提供 / 楊宗熏）

木洛山風手作工坊

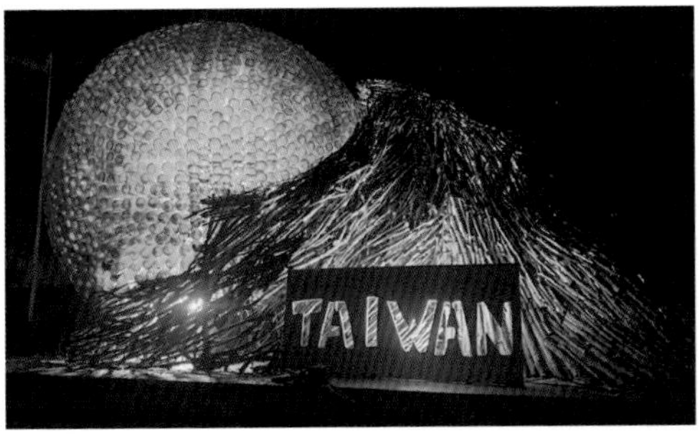

「恆春風巢」結合科技，由楊宗熏及丹麥藝術家 Rikke Jullund 合作，利用銀合歡木材打造燈座，佐以玻璃瓶透光，如一盞明燈。（照片提供 / 楊宗熏）

楊宗熏娓娓道來，他與銀合歡木，以及銀合歡與社區之間的故事。

地址：屏東縣恆春鎮省北路 439 號
連絡信箱：mlsf119@yahoo.com.tw
聯絡方式：0911-886-355
（來訪請於一週前，以電話預約）

地圖 QRCODE

國家圖書館出版品預行編目(CIP)資料

老牌新潮漫步地圖：老店新情味 / 莊文松, 林珊著. -- 初版. -- 臺中市
: 晨星出版有限公司, 2022.09
面； 公分. -- (台灣地圖 ; 51)
ISBN 978-626-320-218-4(平裝)

1.CST: 臺灣遊記 2.CST: 商店

733.69 111010983

線上讀者回函，
加入馬上有好康。

台灣地圖 51

老牌新潮漫步地圖：老店新情味

作　　者	莊文松、林珊
主　　編	徐惠雅
執行主編	胡文青
校　　對	莊文松、林珊、黃怡瑄、翁靖淳、胡文青
美術編輯	柳佳璋
封面完稿	柳佳璋
插　　畫	廖婕希

創 辦 人	陳銘民
發 行 所	晨星出版有限公司 台中市 407 工業區 30 路 1 號 TEL：04-23595820　FAX：04-23597123 http://star.morningstar.com.tw 行政院新聞局局版台業字第 2500 號 法律顧問 陳思成律師
初　　版	西元 2022 年 11 月 05 日
讀者專線	TEL：（02）23672044 /（04）23595819#230 FAX：（02）23635741 /（04）23595493 service@morningstar.com.tw
網路書店	http://www.morningstar.com.tw
郵政劃撥	15060393（知己圖書股份有限公司）
印　　刷	上好印刷股份有限公司
定　　價	480 元

（如有缺頁或破損，請寄回更換）

ISBN：978-626-320-218-4
Published by Morning Star Publishing Inc.
Printed in Taiwan

眼鏡 金茂利 鐘錶